Grégory Lemarchal

Les mots du cœur

Photo de couverture : Aika/Dalle

ISBN : 978-2-35288-146-9
Code Hachette : 5056817

Rayon : Biographies / Musique
Collection dirigée par Christian English & Frédéric Thibaud

Catalogues et manuscrits : www.city-editions.com

Dépôt légal : deuxième semestre 2008
Imprimé en France par France Quercy, Mercuès - n° 80764/

Grégory Lemarchal

Les mots du cœur

Philippe OLGA

City Editions
Biographie

Introduction

Pourquoi sa mort nous a-t-elle à ce point touchés ?

Grégory Lemarchal était un jeune homme dont la trop courte vie et l'éphémère carrière ne justifient pas à elles seules une pareille émotion. La réponse tient en deux tabous brisés.

En l'emportant le 30 avril 2007, la mort a non seulement fauché un être plein de bonté, mais aussi plein de talent.

On ne pourra que spéculer sur ce qu'aurait pu devenir sa carrière artistique, mais tous ceux qui ont un jour ou l'autre approché, côtoyé ou travaillé avec Grégory louent aujourd'hui encore sa générosité, sa gentillesse et sa rigueur professionnelle.

Trois albums dont un posthume, quelques livres,

des sites Internet : au regard de l'histoire, les traces de son passage parmi nous sont minces. Mais ce garçon fragile aura laissé une empreinte de géant dans le cœur et la mémoire de tous ceux qu'il a croisés.

Destinée, karma… Les mots ne manquent pas pour parler de cette voie sur laquelle chacun d'entre nous s'engage du jour de sa naissance à celui de sa mort. Grégory Lemarchal a franchi chaque étape de son parcours comme une épreuve. Rien ne semble lui avoir été donné… si ce n'est la vie, et encore.

Quand il voit le jour au printemps 1983, ses parents célèbrent dans la joie et l'émotion l'arrivée de cet enfant tant désiré. Le bon air de la Savoie devrait l'aider à grandir, mais dès ses deux ans, on note une certaine difficulté du petit garçon à respirer, surtout dans l'effort. De banal, le problème devient inquiétant au fil des mois. Une visite poussée chez le médecin puis chez le spécialiste ne fera que confirmer les symptômes devenus évidents : Grégory est atteint de mucoviscidose, une maladie respiratoire qui touche les bronches et dont l'issue est malheureusement souvent fatale.

Pour Pierre et Laurence Lemarchal, la nouvelle tombe comme un couperet : leur enfant ne vivra qu'en sursis. Une vie en suspens.

Pas question pour autant de renoncer au bonheur du quotidien : Grégory ne sera pas élevé dans une bulle, à l'abri du monde et de ses tourments. Papa étant un grand sportif, le petit garçon va s'essayer à de nombreuses disciplines. Il pratique le basket, le ski ou le football. Bien sûr, il faut ménager son corps, lui offrir des pauses et aménager son emploi du temps (y compris scolaire) pour le laisser souffler. Au sens propre comme au figuré…

En 1990, une petite fille vient illuminer le foyer de la famille Lemarchal. Leslie sera plus qu'une sœur pour son grand frère. Une amie, une confidente, un soutien. Après le départ de Grégory, elle sera d'ailleurs l'une des plus fidèles à entretenir la flamme de son souvenir et à veiller sur le respect de sa mémoire.

Nous sommes au cœur des années 1990. Pour Grégory, c'est le temps des révélations, des changements du corps et de l'esprit. Il continue de grandir et de s'enrichir de mille expériences. En 1994, il décide de s'inscrire dans une école de rock acrobatique. Encore un défi que son courage et sa volonté sont de taille à relever ! En un an à peine, il apprend, enregistre, reproduit et enrichit cette discipline exigeante qui demande agilité, sens du rythme et puissance. Lui, l'enfant fluet au souffle court, épate professeurs et amateurs par son sens du tempo et la qualité de ses figures. Au point qu'un titre de champion de France vient sanctionner ses efforts et sa passion en 1995 !

A peine le temps de s'intéresser aux filles, de prendre quelques claques, et c'est une autre envie qui le cueille au détour de l'été 1998. Pendant que les Bleus de Zidane sont en train de conquérir leur étoile de champions, Grégory s'attaque à une autre épreuve : un concours de karaoké. A chacun ses challenges, mais ce modeste concours a pour le jeune homme de 15 ans valeur d'une Coupe du monde ! Un camping d'Argelès sera son Stade de France. Là, devant une assistance médusée, un frêle garçon tout juste sorti de l'enfance entonne le célèbre *J'me voyais déjà* d'Aznavour. Certes, ce n'est pas le grand Charles, mais c'est du très bon Grégory ! Jusque-là, jamais l'adolescent n'avait montré de prédispositions particulières pour le chant. A la maison, Pierre et Laurence écoutaient bien sûr les grands airs de la variété française, et le petit les fredonnait, mais rien de plus. Ce soir-là, les notes qui s'échappent de sa bouche, c'est la mélodie du bonheur ! Grégory le sent, le sait dès ce moment : voilà son avenir.

La scène, le disque, le public, le regard des filles, l'admiration des parents, l'écoute des professionnels. Il veut tenter l'aventure. Son père, devenu animateur et organisateur de soirées, le pousse à vivre sa passion. Qu'importe si des quintes de toux viennent parfois ponctuer ses tirades, le feu sacré brûle en lui et paraît pouvoir consumer cette maudite maladie.

Grégory quitte l'école. De toute façon, il n'était pas doué pour les études. Pas assez attentif, pas assez présent, appelé sans doute vers autre chose.

L'urgence est parfois la meilleure des orientations. Elle impose ses leçons de vie, forme ses élèves à la discipline du court terme, apprend à mieux se connaître. En ce sens, Grégory aura été un élève particulièrement doué.

Un autre style d'enseignement l'attend : celui du divertissement. Chez nous, ce mot est presque péjoratif. Les Américains disent « entertainment » et, chez eux, cela nous rappelle Shirley Temple, Mickey

Rooney, Michael Jackson, Jodie Foster… Des graines de talents, de jeunes pousses devenues stars.

Justement…

A la fin de l'année 1999, Grégory Lemarchal passe à la vitesse supérieure. Il tente lui aussi de faire réellement partie de ce monde encore virtuel. A 16 ans passés, c'est un jeune homme plein de volonté qui pousse la porte des concours et des castings. Les spectacles de son père lui ont donné une idée des goûts du public, mais il veut se frotter à la réalité d'un métier qu'il souhaite faire sien. Samedis soir de salles des fêtes. Dimanches après-midi de foires communales. Week-ends sur les routes. Lemarchal père et fils en route pour les étoiles.

Une participation à l'émission *Graines de stars* remet cependant les choses à leur juste place. Grégory échoue avant la finale. Il n'est pas la révélation de l'émission. Il lui reste encore du chemin à faire, des choses à apprendre.

Et pourtant, tout se met en place, petit à petit. Il faudra en passer par des premières parties quasi anonymes pour Gilbert Montagné ou Hervé Villard, devant une assistance venue voir la vedette et pas l'apprenti.

2003 aurait pu être la bonne année. Celle des vingt ans triomphants. Celle d'une jeunesse connue et reconnue. Celle de l'exposition tant attendue.

2003, c'est le moment choisi par plusieurs producteurs pour lancer une nouvelle comédie musicale sur le thème d'Adam et Eve. Grégory a été choisi pour en tenir le rôle principal. Le spectacle doit d'abord se roder en province avant de s'installer sur la scène du Zénith de Paris. Un rêve qui va cependant échouer sur le dur rivage de la réalité du métier : le premier titre extrait de l'album passe inaperçu. Les financiers prennent peur et annulent tout.

Retour à la case départ ? Amertume ? Rancœur ? Ce serait mal connaître Grégory ! Jamais on ne l'a vu se décourager ou renoncer. Tirant tous les bénéfices de cette mésaventure, l'artiste en herbe a plutôt le sentiment d'avoir encore emmagasiné des acquis, fait des rencontres, appris mille choses.

En juillet 2004, il doit toutefois prendre sur lui pour accepter de franchir un ultime pas. Le plus important de sa vie et de sa carrière. Des amis le poussent à s'inscrire au casting de l'émission-vedette de la télévision : *Star Academy.* C'est, il est vrai, un tout autre challenge. Un concours redoutable où les candidats sont filmés 24 heures sur 24 dans leur apprentissage et soumis chaque semaine au jugement cumulé de professionnels et du public. Des jeux modernes de l'arène qui peuvent se transformer en exécution devant sept millions de spectateurs. Grégory ne craint pas vraiment ce danger-là. Le public d'un obscur gala de province est sans doute plus difficile que celui balisé d'un plateau télévisé. Non, ce qui l'effraie, c'est d'exposer aux yeux d'inconnus ses souffrances ordinaires, ces séances quasi journalières de kinésithérapies sans lesquelles il ne peut trouver de répit et sombre dans d'interminables crises.

Grégory a grandi, rêvé, travaillé, voulu faire un destin d'une tragédie annoncée. Il a fait tout ce chemin avec une ombre constante dans ses pas. La mucoviscidose ne l'a jamais quitté d'une semelle. Elle veille. Ennemie fidèle, attendant son heure et le malheur qui viendra. Forcément…

3 septembre 2004. Grégory Lemarchal a choisi son camp : celui de la vie et de la volonté. Il est là, présent sur le plateau de TF1 pour la quatrième saison de la Star Ac'. Au fil des mois, des émissions, des *primes*, il va imposer toute la force de sa fragilité. Sa voix gagne en puissance, en technique. Il écoute les remarques et les conseils de ses professeurs. Jamais une plainte, jamais un reproche. Quelques écarts, des instants de découragement, certes. Ces académiciens des temps modernes sont soumis à la pression des médias, ils se savent jaugés, épiés. Leurs moindres écarts sont reproduits et commentés dans les journaux. Leur vie de tous les jours devient le quotidien des discussions de comptoir, de bureau ou de cour de récré.

Grégory est là. Il tient bon malgré le mal qui le ronge et se rappelle régulièrement à son mauvais souvenir. Fréquemment, avant le direct, le trac et la toux le clouent presque au sol. Mais le générique de l'émission résonne et c'est comme si ses forces revenaient d'un coup. Les lumières s'allument et la vie avec elles.

Andrea Bocelli, Calogero, Michel Sardou, Patrick Bruel : les plus grandes vedettes vont partager avec le jeune homme l'instant d'une chanson, d'un duo. Tous témoigneront sur l'instant et après encore de la puissance de son engagement. De sa voix à son attitude sur scène, tout en Grégory démontre une extraordinaire soif de prouver définitivement qu'il a non seulement sa place ici, mais qu'il mérite d'aller plus loin encore.

Et c'est ce qui se produit !

Le 22 décembre 2004, un garçon tremblant d'émotion remporte la quatrième édition de la Star Academy. Le public a élu son champion avec 80 % des voix. L'ampleur de la victoire ne laisse aucun doute possible sur l'affection dont bénéficie déjà le nouvel espoir de la variété française.

A peine le temps de se remettre de ses émotions, de verser quelques larmes de joie et de soulagement… Il faut se soumettre au jeu de la promotion. Photos, interviews, reportages. Le grand jeu médiatique se moque bien des souffrances de ce nouveau petit pion. Grégory est à bout de forces. Ses efforts incessants durant près de quatre mois de compétition acharnée ont eu raison de sa santé. Une fois ses obligations « légales » accomplies, il s'enfuit presque pour passer les fêtes en famille en Savoie ! Un moment de répit qu'il tient aussi à partager avec d'autres malades de la mucoviscidose.

Mais déjà, il faut regagner Paris. Le programme des prochains mois est chargé.

L'année 2005 marque la véritable naissance artistique et commerciale de Grégory Lemarchal. Un premier single, « Ecris l'histoire », en mars, une tournée avec les autres « staracadémiciens » de début avril à fin juin et puis il y a cet album, *Je deviens moi*, dont il doit assurer la promotion. Le chanteur est inquiet. Les ventes ne sont pas aussi importantes que prévu, pas aussi fortes qu'il l'espérait.

Va-t-il attendre, réfléchir, prendre son temps pour

mieux rebondir ? Ce serait mal connaître Grégory ! Au contraire, face à l'obstacle, il prend son élan et fonce de plus belle. Le printemps 2005 est marqué par une véritable offensive médiatique : télés, radios, journaux, magazines, Grégory veut être partout ! Et, petit à petit, sa stratégie se révèle payante. Ceux qui étaient réticents au départ se laissent peu à peu séduire par le caractère du jeune homme et conquérir par cette voix à la fois fluide et solide.

2006 se déroule sur le même rythme : promo, tournage de clip et début de sa propre tournée. La première. La dernière aussi…

L'artiste débutant n'a pas eu la folie des grandeurs. Il chante dans des salles à dimension humaine, de 1500 à 2000 places. Chaque soir, on affiche complet. Il faudra même rajouter deux dates aux deux soirées programmées à l'Olympia de Paris. Grégory ne se lasse pas de voir son nom illuminé de rouge au fronton du plus célèbre music-hall du monde. Un album live et un DVD viendront graver à jamais ce moment unique dans le cœur des fans et dans le sien.

Un cœur d'homme qui bat désormais au pluriel. A 23 ans, c'est encore un gamin amoureux, qui s'est pris de passion pour une jeune femme charmante, sortie elle aussi d'une aventure de la téléréalité. Karine Ferri a été l'héroïne d'une des saisons du *Bachelor* de M6, conte de fées moderne pour midinette qui promettait de trouver l'âme sœur d'un beau et riche jet-setter. Leur liaison cathodique ayant tourné court, la belle a commencé une carrière sur le petit écran, présentant la météo ou des émissions musicales. Leur coup de foudre date de septembre 2005. De SMS en rendez-vous, ces deux-là sont devenus inséparables. Karine accompagne Grégory dans ses concerts, l'aide à récupérer durant leurs courtes vacances et prépare avec lui la suite des événements, en l'occurrence un deuxième album.

Grégory Lemarchal ne veut pas rester sur l'impression très favorable et l'accueil chaleureux reçu par « Je deviens moi ». Pour son prochain disque, il veut s'entourer des meilleurs, à commencer par Yvan Cassar, l'arrangeur musical de Johnny Hallyday ou Mylène Farmer. Un magicien du son. Le chanteur veut peaufiner textes et mélodies pour être enfin reconnu comme un artiste à part entière et pas uniquement comme cette « révélation francophone de l'année », prix accordé par les auditeurs de la radio NRJ. Une récompense qui lui a fait plaisir, mais qui ne peut le combler bien longtemps !

Tout est donc prêt pour enregistrer ce second album. Chansons, musiciens, techniciens, studios. Reste une invitée de dernière minute qui va bouleverser ce programme : la mucoviscidose…

En février 2007, Grégory accepte la réalité : son corps ne suit plus le rythme effréné qu'il lui impose depuis deux années. La fatigue se lit sur son visage. Il a perdu du poids. Les crises de toux sont de plus en plus dures. Les séances de kiné augmentent.

Pour calmer les médias que des photos volées ont alertés et les fans que ces clichés ont alarmés, il donne une interview dans laquelle il reconnaît avoir besoin de se ménager et promet d'enregistrer, mais pas avant l'été suivant. En fait, Grégory ne verra pas le printemps.

Fin mars, ne pouvant se résoudre à attendre, il pose sa voix sur quatre nouveaux titres, grâce à un studio mobile installé chez lui dans sa maison de Rueil-Malmaison en banlieue parisienne. Il rejoint également Hélène Ségara sur scène pour une ultime apparition publique, le temps d'un dernier duo.

2 avril 2007. Une crise plus aigue encore pousse Grégory à consulter d'urgence le pneumologue de l'hôpital Foch qui le suit. Le diagnostic du médecin est alarmant. Le jeune homme doit être placé sous observation, son état est critique. Le choix auquel il n'a jamais voulu se confronter s'impose à lui brutalement : une double greffe pulmonaire avec le risque de perdre ses cordes vocales ou bien la mort à court terme, dans des souffrances de plus en plus insupportables. Grégory n'hésite pas longtemps. Quel qu'en soit le prix, il veut continuer à vivre. Pour ses parents, pour Karine et pour ce métier qui est désormais plus qu'une passion.

La décision la plus importante de sa courte existence se heurte pourtant à la réalité de la greffe d'organes en France : il y a beaucoup de demandes et très peu d'offres. Le don d'organes est encore un tabou, pas une évidence.

Les jours passent. Grégory s'affaiblit, mais garde espoir. Il ne communique plus guère que par SMS, mais veut y croire. Encore. Toujours.

On le plonge dans un coma artificiel une première fois afin de le soulager. Puis une seconde fois. Une dernière…

Pierre, Laurence, Leslie et Karine sont à ses côtés quand ses yeux se ferment. Comme il a l'air serein, apaisé. Il s'endort en croyant encore au miracle, au greffon qui finira bien par arriver…

Il est 13 heures ce lundi 30 avril 2007. Grégory Lemarchal s'éteint dans ce qui lui a le plus manqué : un souffle.

Rien à dire de plus sur cet instant de douleur intime qui n'appartient qu'à ses proches.

Ce dont on peut témoigner, c'est de l'émotion qui traverse alors le pays, bien au-delà du cercle restreint des fans du chanteur. Un mouvement de sympathie inédit, spontané, sincère. Les images des obsèques du jeune homme, le 3 mai à Chambéry, ajoutent encore au poids du deuil populaire.

Les parents de Grégory, déchirés et abattus, appellent immédiatement à la mobilisation contre la mucoviscidose. Ils ne demandent pas de fleurs pour leur enfant, mais des dons pour vaincre la maladie. C'est encore le message qui sera envoyé en direct le 4 mai lors d'une édition spéciale de la Star Academy.

En direct, Nikos et des amis artistes de Grégory parviennent à recueillir sept millions d'euros de dons. (Cinq millions supplémentaires seront collectés le 28 décembre 2007 lors d'une autre émission.)

Un vaste mouvement est lancé. Il s'amplifie encore au mois de juin quand paraît « De temps en temps », single posthume né de ces quelques jours de sessions d'enregistrement à domicile. La chanson est un tube évident. Une déclaration d'amour à Karine et de guerre au mal qui rongeait Grégory, dont il avait tenu à écrire lui-même le texte.

« De temps en temps, je plie sous le poids du sort et des souffrances collées au corps… Je me relève sous ton regard, je fais des rêves où tout va bien. Je me bouscule, te prends la main. Au crépuscule, je te rejoins… »

L'album suit, intitulé *La Voix d'un ange*. Il contient ses fameux quatre titres inédits, dont « Le lien », deuxième extrait qui sera un énorme succès à l'automne. Le reste des sept autres chansons est composé de reprises ou de versions en public des succès de Grégory ou de ses prestations télévisées. Fin 2007, les ventes de cet album atteignent 850 000 exemplaires. Triomphe posthume et forme d'hommage qui n'apaise pas la douleur de la famille, mais la conforte dans sa décision : l'héritage de Grégory Lemarchal, c'est aux malades qu'il doit profiter.

Dès le mois de juin, Pierre et Laurence ont créé leur association. Elle porte le nom de leur fils et se donne comme mission d'aider la recherche, d'améliorer le sort des malades, l'accueil des patients hospitalisés et de sensibiliser les pouvoirs publics.

Un site Internet, association-gregorylemarchal.com, est lui aussi créé. Il va recevoir au fil des mois des dizaines de milliers de témoignages et offrir des renseignements utiles, parfois méconnus, aux familles de victimes de la « saloperie », comme disait Grégory.

Un jeune homme s'en est allé. Un artiste s'est tu.

Des parents ont perdu un fils. Une jeune femme, un amour. Le public, une idole.

Grégory Lemarchal n'a pourtant jamais été aussi présent.

Plus que son souvenir ou ses disques, la trace qu'il aura laissée parmi nous se résume au combat d'une vie amputée, d'un destin brisé.

▸ Association

Au lendemain de la disparition de Grégory, ses parents et ses proches ne peuvent se résoudre à baisser les bras. A la fin de sa vie, le jeune homme avait émis le souhait clair et précis de s'engager plus en avant auprès des médias dans son combat contre la mucoviscidose.

Le 7 juin 2007, quelques jours après avoir enterré leur fils, Laurence et Pierre Lemarchal créent officiellement l'Association Grégory Lemarchal. Au-delà de leur douleur, ils veulent tenter de faire avancer la cause des milliers d'enfants et d'adultes victimes de la maladie en France. Cela ne peut fonctionner que grâce à la générosité de la foule des anonymes puisque les crédits publics manquent cruellement ou sont répartis, éparpillés à destination de tant d'œuvres caritatives. Grâce à cet appel aux dons, l'Association se donne un double objectif : aider la recherche médicale et scientifique, mais aussi améliorer le séjour des personnes hospitalisées parfois dans des conditions spartiates. Elle entend également sensibiliser le grand public à la nécessité du don d'organes et promet aussi d'apporter son soutien à ceux et celles qui seraient victimes de toutes sortes de discrimination du fait de la mucoviscidose.

Un site Internet, www.association-gregorylemarchal.com, permet très vite de faire le lien. Sobre et efficace, il donne des informations pratiques, propose bien évidemment de faire un don et d'adhérer à la structure, délivre des informations sur les résultats obtenus et n'oublie pas les fans en les tenant au courant des sorties de disques ou des parutions de livres sur Grégory.

L'effet, on l'a dit, est quasi immédiat sur le grand public. Confirmation d'Olivier Ottin, manager et ami de Grégory, très investi dans le projet sur le site « Blog Actualité » en janvier 2008 : « Créer une association avec un tel but prend du temps. Nos premières actions auront lieu courant 2008 et ça commencera avec l'hôpital Foch. En 3 mois, avoir plus de 4000 membres, c'est pas mal ! Ces dons de générosité autour de l'Association, ça nous étonne et, en fait, non, ce n'est pas étonnant, car il le mérite. Ce qu'il a donné aux gens pendant trois ans, les gens le lui rendent maintenant d'une belle manière… »

Pierre Lemarchal, le père de Grégory et co-fondateur de l'Association tient d'ailleurs à rendre hommage aux donateurs dans une lettre émouvante publiée en décembre 2007 par l'hebdomadaire *Télé Loisirs* :

« Les mots nous manquent pour vous remercier. Si Grégory était resté parmi nous, c'est lui qui vous écrirait aujourd'hui, avec ses mots à lui, bien plus forts que les miens. Il vous dirait sa gratitude, il vous parlerait de ces jeunes atteints en France de mucoviscidose, ces jeunes qui se battent chaque seconde pour respirer du mieux possible, qui rêvent de pouvoir vivre comme tout le monde et qui s'accrochent à l'espoir que l'on trouvera enfin le remède qui les sauvera. J'en profite pour rappeler que la loi permet de déduire de ses impôts 66 % d'un don... Merci encore de l'attention que vous portez à l'Association de Grégory, à sa mémoire et à notre combat. »

D'un point de vue plus personnel, la structure permet aussi aux parents de Grégory de continuer à entretenir sa flamme, ses idées, sa cause et son souvenir. Laurence Lemarchal en parle dans *Télé 7 jours* à l'automne 2007 : « L'Association nous permet de tenir debout. Etre dans l'action nous fait avancer. Greg est toujours là, il nous donne toute sa force. Il n'a pas perdu son combat, il ne l'a pas abandonné. »

***Voir aussi* : « Mucoviscidose », « Greffe », « Urgence médicale » et la partie « Webographie » à la fin de cet ouvrage.**

▶ Ange

C'était le surnom de Grégory au temps de la Star Academy ou bien encore « le Petit Prince ». Il suffit de le revoir au château ou sur le plateau pour s'apercevoir combien ce diminutif lui collait à la peau. Un physique fluet, son beau visage et cette voix capable de tutoyer le ciel.

Un surnom immédiatement adopté par les fans et les médias qui survivra à Grégory et que l'on retrouve très logiquement dans le titre de son album posthume, *La Voix d'un ange*, paru en juin 2007 et dans celui du coffret *Les Pas d'un ange*, mis en vente pour Noël 2007.

Le mot « ange » est enfin est au cœur d'une chanson que l'on retrouve sur *Je deviens moi*, le premier album du chanteur paru en 2005 : « Tu es mon ange béni des dieux. Le jour où tu es tombée du ciel, tout m'a semblé plus léger. Et je me sens pousser des ailes, accroché à tes baisers. » (« Mon ange », composé par Davide Esposito, Mercury, 2005.)

▸ Adeline

Il n'a pas encore 10 ans. Elle n'est guère plus âgée. Copains sur les bancs de l'école, leurs jeux d'enfants les conduisent parfois aux alentours de la bibliothèque. Là, cachés derrière les rayonnages, Grégory et Adeline échangent des petits bisous.

Premiers émois en forme d'aventure qui n'ira pas plus loin, évidemment. Juste le souvenir d'un premier amour d'enfance, léger et sans conséquence.

▸ Adam et Eve

Souvenez-vous : en 2003, la comédie musicale est enfin à la mode en France. Les succès de *Notre-Dame de Paris* et des *Dix Commandements* sont, il est vrai, passés par là. Le public semble plébisciter ce style de spectacle que l'on croyait jusqu'ici réservé aux Anglo-Saxons, sur les scènes de Broadway ou de Londres. Pour les producteurs français, après des années de disette, c'est un peu l'heure de passer à table sinon à la caisse ! C'est pourtant oublier un peu vite que plusieurs de ces spectacles ont bu la tasse et même parfois lourdement, à l'exemple de Ali Baba ou Cindy, retirés de l'affiche plus vite que prévu.

Mais qu'importe : les projets se multiplient, certains crédibles, d'autres farfelus. Le thème historico-fantastique semble avoir la cote ! Le producteur Paul Tordjmann (auteur entre autres de l'immortel single « Vivre dans ta lumière », interprété par le footballeur Youri Djorkaeff en 2000) se met en tête de s'inspirer à son tour de la Bible pour raconter notre Genèse en une trentaine de tableaux.

Le show doit démarrer à l'automne 2003 et la troupe de 16 chanteurs et danseurs comporte bien entendu les deux rôles-titre. Eve sera interprétée par Maryam Tribak, et Adam par Grégory Lemarchal, dont le travail parfois ingrat en lever de rideau d'autres artistes ou la participation à l'émission *Graines de stars* fin 1999 semble payer.

Malheureusement, le rêve de monter sur scène et de rencontrer un public venu rien que pour lui tourne court. Manque de préparation, de moyens, de qualité et de professionnalisme, *Adam et Eve – Du pêché au pardon* reste au purgatoire des comédies musicales ! Paul Tordjmann avait beau jeu d'annoncer un dispositif scénique virtuel mis au point par un des techniciens du film *Jurassic Park*, bénéficier de soutiens importants dont celui du groupe de casinos Partouche ou de Sony Music qui distribue la bande originale, le projet échoue brutalement. En mars 2003, un show-case est organisé à Lyon pour la presse nationale et les éventuels sponsors.

L'accueil est plutôt encourageant, mais la suite le sera beaucoup moins : en avril, la mise en place d'un premier single, « Où va le monde », tourne au fiasco. Si le visage de Grégory apparaît en pochette, c'est la voix d'un autre artiste, Bruno Pelisse, que l'on entend sur le disque ! Un échec cinglant qui entraîne celui du spectacle tout entier. La tournée (sans doute imprudemment programmée jusqu'au Zénith de Paris) est annulée.

Pour Grégory, qui n'a pas ménagé ses efforts dans la préparation du show, la déception est immense, mais l'expérience lui aura appris plusieurs choses essentielles pour l'avenir : toujours s'entourer de vrais professionnels et travailler comme un forcené pour atteindre le bon niveau. De bonnes résolutions qu'il saura mettre en pratique le moment venu.

▸ Amour

N'est-ce pas le plus beau des thèmes ? De « Je ne regrette rien » à « My Way », de « Ne me quitte pas » à « Love Me Tender », il a traversé, inspiré, illuminé les grandes heures de la chanson populaire. Ce thème est très logiquement au cœur de la courte carrière de Grégory Lemarchal. Quoi de plus normal pour un jeune homme qui a découvert l'amour tout en l'interprétant sur scène puis à la télévision ?

Le sentiment, les émois, la passion, les blessures du cœur, l'espoir amoureux… Autant de façons de dire la même chose : « Je t'aime. » A la vie ou à une fille, aux lendemains ou à sa famille, à des amis ou au public. Grégory était un être généreux au sens propre comme au figuré. Pas étonnant alors que l'amour ait été au centre de son inspiration. « Même si l'amour s'enfuit, j'en inventerai les couleurs. S'il est trop tard pour revenir, je remonterai les heures. Et ce dont je suis fait tout entier, je saurai te le rendre. » (« Même si », composé par Peter Gordeno, Mercury, 2006)

La rencontre et sa belle histoire avec Karine Ferri à partir de la fin 2005 n'a bien entendu fait que renforcer ce besoin de donner de l'amour et cette envie d'en recevoir. A sa sortie du château de Damarie-les-Lys, Grégory ne déclarait-il pas : « Je suis toujours célibataire. Je n'ai pas la tête à ça ! Je me concentre sur mon album et sur la tournée. J'ai l'impression de repartir à zéro, d'avoir tout à prouver. L'amour n'est pas ma priorité du moment. Ça viendra quand ça viendra ! Et puis franchement, j'avais du mal à accorder ma confiance avant la Star Ac', alors maintenant c'est pire ! »

***Voir aussi* : « Karine ».**

Boeing

Le baptême de l'air de Grégory a eu lieu le 19 avril 2005. Un rendez-vous tardif avec les airs qui s'explique par les contraintes de sa maladie. Pour quelqu'un atteint de mucoviscidose, prendre l'avion, c'est prendre un pari risqué. La pressurisation en haute altitude peut déclencher des difficultés respiratoires et, en cas de crise grave, les secours à bord ne sont que rudimentaires.

En avril 2005, la tournée de la promo de la Star Academy 4 doit passer par deux dates sur l'île de la Réunion, perle française de l'océan Indien. Le trajet vers cette terre d'outre-mer prend une bonne dizaine d'heures. Largement le temps pour aggraver l'état de santé fragile de Grégory après de longs mois de compétition et de tension.

La famille Lemarchal consulte médecins et spécialistes et décide finalement de tenter l'aventure, mais selon des règles de prudence bien précises. Grégory embarque donc à bord d'un Boeing 777 d'Air Austral, entouré d'une équipe de choc : un docteur et un kinésithérapeute.

Tout va finalement bien se passer et la troupe honorera sans problème ses concerts à Saint-Denis devant plusieurs dizaines de milliers de fans réunionnais. Grégory remontera à bord d'un avion, sans pour autant multiplier les occasions.

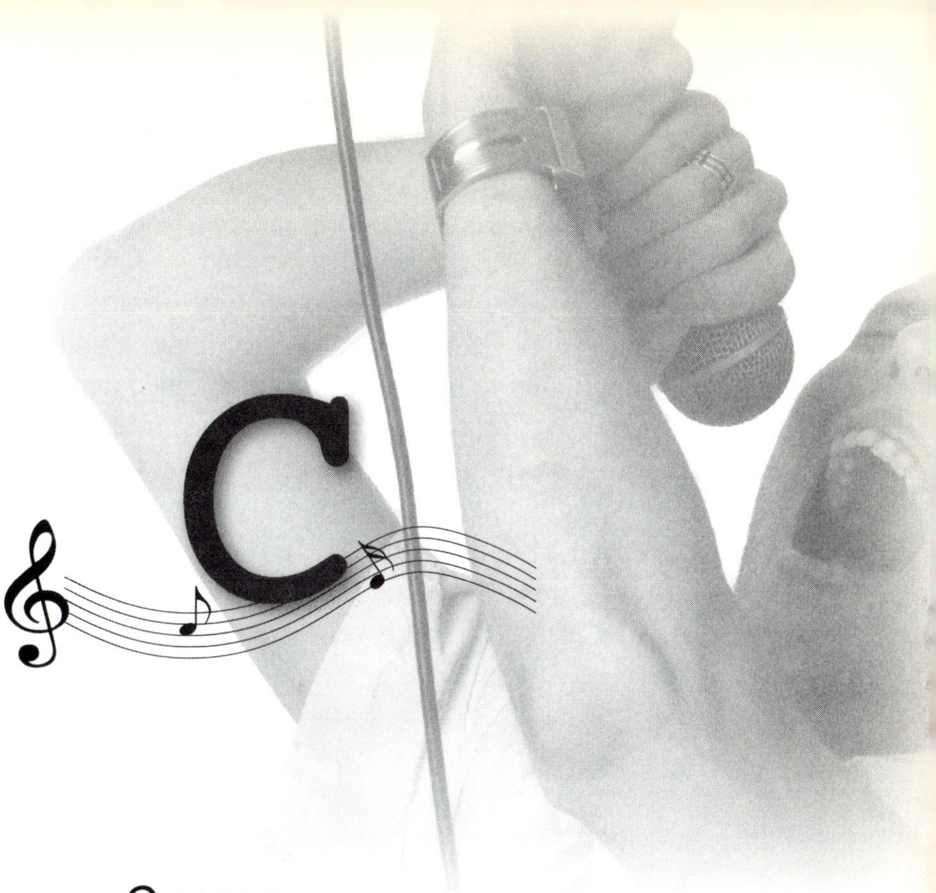

▸ Cassar

Vous ne connaissiez sans doute pas son visage avant de le voir intégrer le jury de la septième promotion de la Star Academy et, pourtant, Yvan Cassar est ce que l'on appelle un grand pro, respecté et recherché par toute la profession.

Pianiste de formation, élève du Conservatoire national supérieur de Paris, il a depuis quelques années pris une place importante dans la réalisation des albums de plusieurs grands noms de la chanson française : Claude Nougaro, Charles Aznavour, Céline Dion, Jean-Jacques Goldman, Johnny Hallyday ou Mylène Farmer. Il a d'ailleurs supervisé les spectacles de ces deux derniers artistes au Stade de France et à Bercy.

En 2005, Yvan Cassar est contacté par la maison de disques Universal pour prendre en charge la réalisation de *Je deviens moi*, le futur premier album de Grégory Lemarchal. Séduit par la voix et la personnalité du jeune chanteur, il s'investit totalement dans le projet. « Il a une générosité, une facilité, une gaîté, une sensibilité qui font qu'il peut aller du très doux, presque féminin, à quelque chose d'extrêmement puissant, et je trouve que c'est une chance. Je pense qu'il peut nous offrir vocalement un très joli voyage », précisera le terrible Yvan sur TF1 en janvier 2005.

Tous deux retiennent une douzaine de titres parmi les centaines proposés. Une collaboration franche, basée sur le respect et le travail, va alors voir le jour entre l'élève et le maître. En studio, Grégory apprend à écouter les conseils, à tenir compte des remarques, à accepter les reproches ou à profiter des encouragements.

Tout est dit, de manière franche et justifiée, de la voix douce mais ferme de ce personnage à la silhouette ronde et à l'épaisse chevelure. « J'ai bien conscience du privilège que j'ai eu à pouvoir bénéficier d'un talent comme celui d'Yvan », dira-t-il dans le journal *Le Télégramme* en avril 2005. Une véritable osmose artistique et professionnelle qui sera fort justement récompensée par le succès du disque : 450 000 exemplaires vendus au final.

Le tandem avait d'ailleurs prévu de reconduire son association pour le deuxième opus de Grégory. Yvan Cassar tiendra tout de même à superviser le travail posthume qui aboutira à *La Voix d'un ange* en juin 2007, l'une des plus grosses ventes de CD de l'année 2007 avec 850 000 exemplaires écoulés.

***Voir aussi* : « *Je deviens moi* » et « *Voix d'un ange (La)* ».**

▸ Christie

Grégory l'a souvent reconnu : il n'était pas un élève très assidu. Sur les bancs de l'école, il rêvait plutôt à d'autres estrades en forme de scène ! Ses camarades de classe de l'époque et certains de ses professeurs se souviennent d'un garçon plaisant, mais pas vraiment participatif aux débats de la classe. D'autres rappellent aussi que Grégory a changé plusieurs fois d'établissement scolaire, suite à un comportement pour le moins irrespectueux envers les enseignants !

Sa « carrière » d'élève au sein de l'éducation nationale n'ira pas très loin : il quitte l'école à son entrée en seconde. Pierre Lemarchal, son père, se souvient : « Il n'était pas très bon à l'école, mais nous savions que ce n'était pas par mauvaise volonté. A l'âge de 16 ans, il était évident qu'il fallait quitter les cours pour se consacrer au chant, sa passion. » [1]

Ensuite, le jeune homme poursuit un autre genre d'instruction qui le conduira d'ailleurs à intégrer une académie beaucoup plus célèbre. Cela ne l'empêche cependant pas de se cultiver. Grégory est ainsi un grand fan de romans policiers et plus précisément de ceux d'Agatha Christie, la reine anglaise du polar, auteur entre autres de *Dix Petits Nègres*.

1. *Paris Match*, mai 2007.

▶ Concours

Autrefois, on appelait ça des radios-crochets ou des auditions. Désormais, on dit concours ou casting. Grégory en a passé des dizaines avant d'arriver à celui de la Star Academy. D'abord dans la discipline sportive du rock acrobatique dans les années 1990, puis lors de nombreuses soirées de karaoké où son talent naturel écrase la concurrence.

Mais le premier vrai rendez-vous avec des professionnels du chant se déroule lors du choix de la distribution de la comédie musicale *Adam et Eve*, en 2003. Il est finalement retenu, mais le projet se saborde. Il faut attendre le recrutement de la quatrième promotion de l'émission de TF1 l'année suivante pour qu'il se distingue vraiment. Et encore, sans le coup de pouce du destin et de son ami musicien Brice, qui sait si Grégory aurait été retenu ? Se trouvant dans un bar où les « casteurs » de la production discutent, Brice comprend qu'il leur manque une voix masculine pour la prochaine édition.

Le temps des auditions est révolu, mais sur l'insistance de son entourage, le futur gagnant accepte de contacter la production et de faire un essai. Un démarchage sauvage de plus en plus en vogue dans ce genre d'émissions, la méthode de recrutement classique (courrier-démo-audition) ne donnant pas toujours entière satisfaction ! Avec Grégory, c'est tout le contraire : « Nous avons tout de suite été séduits par son volontarisme bluffant, se souvient Alexia Laroche Joubert, productrice du show. Les équipes d'Universal ont été épatées… »

Finalement, le jeune homme est retenu, et un coup de fil lui apprend le nouvelle : « Je ne m'y attendais pas du tout. Quand j'ai appris que je faisais partie des 18 candidats à entrer dans le château, plus rien ne pouvait m'arrêter ! » Rien en effet ne l'arrêtera plus dans le domaine de la compétition. D'ailleurs, le plus beau concours duquel Grégory est sorti vainqueur reste bien entendu celui qui fut départagé par le public, un certain 22 décembre 2004 lors de la fameuse finale face à Lucie.

Dans *Télé Star*, juste après sa victoire en janvier 2005, il revenait sur l'événement : « J'ai flippé grave : j'ai même dit à Lucie que j'avais vraiment peur. Même si on m'annonçait favori, je partais de zéro. Il fallait que je fasse mes preuves pendant ce dernier prime. Dans ma tête, c'était interminable… »

D

▸ Doutes

Gagnant incontournable de l'émission de TF1 ou tirant au forceps son premier album vers les cimes des charts, Grégory Lemarchal ne s'est jamais départi d'un trait fondateur de son caractère : le doute !

Comment pourrait-il en être autrement en fait ? Né fragile, élevé dans l'amour, mais avec le risque constant de ne pas en profiter longtemps, le jeune homme s'est forgé un mental à toute épreuve qui parfois se fissure. Pour ce qui concerne sa santé, il multiplie les activités sportives, là où d'autres se seraient au contraire économisés. Son titre en rock acrobatique lèvera un temps ces interrogations sur ses qualités et dons.

Le chant va néanmoins lui apporter la pierre

manquant à son édifice personnel. Le succès de ses disques, la ferveur de ses concerts et l'amour des fans le réconcilieront sur le tard avec ce qu'il était véritablement. Mais, durant l'épreuve de la Star Academy, le doute reviendra sournoisement et brutalement miner son état d'esprit.

Le 19 décembre 2004, juste avant la finale, la production de l'émission accorde une pause en famille aux deux finalistes. Grégory prend donc la route de la Savoie et de Sonnaz, son village, son refuge de toujours. Arrivé sur place pourtant, il se sent mal à l'aise face à l'avalanche de congratulations parfois excessives des habitants et de certains de ses proches. Tous ces gens qui crient son nom, le scandant comme celui d'une idole qu'il n'est pas encore, il ne les reconnaît plus vraiment. Qui est-il donc, au fond ? Qu'a-t-il fait exactement pour mériter pareil hommage ? Sentiment amplifié quand il découvre la chambre de Leslie, sa jeune sœur, recouverte de posters et d'articles de presse le mettant en vedette. Elle est toute fière de lui faire découvrir « sa » pièce comme on visite un musée, un mausolée. Lui a le sourire figé devant tant d'enthousiasme. Presque coupé du monde depuis des mois, Grégory comprend alors que les médias ont fait de lui une sorte de bête à concours, souvent plus désigné pour sa maladie et non un concurrent lambda.

Le choc est rude. « Quand on découvre ce qui se passe, on s'en prend plein la tronche. Même dans ma propre maison, j'avais perdu tous mes repères. » [1]

Reconnaissance de son don pour la chanson ou simple pitié ? Que faut-il prendre de ce que lui offre ce

1. *France Soir*, décembre 2004.

public ? Que faut-il en garder ? Grégory ne retiendra que le bon : une affection sincère pour la très grande majorité des gens qui l'acclament ce soir-là sur la petite scène d'un concert savoyard. Là, entouré de ceux qui ont toujours cru en lui, malgré l'air glacial de l'hiver savoyard, le jeune homme sent la chaleur envahir de nouveau son corps et son âme.

Cela ne l'empêche pas de toujours se remettre en question, de ne jamais se reposer sur ses lauriers tous frais : « Depuis le début de l'aventure, je dis que la confiance des gens, ça se mérite. Ce n'est pas parce qu'aujourd'hui tout est rose que ça va durer toute la vie. Il ne faut pas que je me relâche », disait-il en janvier 2005. Une vigilance, une volonté préludes à bien d'autres bonheurs…

▸ *Ecris l'histoire*

Trois mois après la victoire de Grégory en finale de la Star Academy, il est enfin temps de passer aux choses sérieuses ! Le public est impatient de découvrir enfin ses propres chansons, la maison de disques l'est tout autant de lancer son poulain sur le marché. Et que dire de la fébrilité de Grégory lui-même ?

Choisir le titre qui doit vous lancer pour une carrière le plus longue possible équivaut à un casse-tête cornélien. Pour le jeune artiste, cela va de soi : il ne veut pas manquer ce rendez-vous initial avec le public. « Il va falloir que je me batte, car j'ai envie de prouver que je peux devenir un artiste à part entière. Il faut maintenant que je transforme l'essai », annonce-t-il dans l'hebdomadaire people *Public* dès décembre 2004. Pour Mercury, sa maison de disques filiale du géant Universal, c'est aussi (surtout ?) un enjeu économique. Rappelons qu'à l'époque, la société dirigée par Pascal Nègre versait un million d'euros d'avance au gagnant de l'émission sur ses futurs gains.

Ajoutez à cela le coût de fabrication de l'album, les frais de promotion, et vous comprendrez que « Ecris l'histoire » doit être un succès !

D'autant que si Jenifer et dans une moindre mesure Nolwenn Leroy ont atteint des scores de ventes conséquents, Elodie Frégé, gagnante de la troisième promo, a connu un semi-échec avec seulement 250 000 exemplaires vendus de son disque. La faute sans doute à un premier extrait un peu mou et sans réelle odeur de tube.

Pour Grégory, Universal fait le tri parmi des centaines de titres et recommande une mélodie venue d'Italie, pays renommé des faiseurs de hits ! La chanson s'appelle là-bas « Io se che tu », que l'on peut traduire par « Je sais que toi ». Elle est écrite par un auteur très populaire de l'autre côté des Alpes : Davide Esposito. Lui-même en fera un tube d'ailleurs dans son pays en 2006 !

Pour la version française, Katia Landreas se charge de l'adaptation, conservant tout le potentiel émotionnel du titre d'origine. Il s'agit de la supplique amoureuse d'un jeune homme à sa belle. Il lui demande ce qu'il peut faire pour conserver son attention, son affection, sa passion. Il est prêt à renoncer à tout, jusqu'à sa dignité, pour rester aux côtés de celle qu'il aime. « Ecris l'histoire, tout c'que tu voudras entre mes lignes. Ton territoire, étendu si loin sur le mien. Ecris l'histoire dans ma mémoire, mais n'écris jamais la fin. »

« Ecris l'histoire » prouve rapidement son potentiel. Le titre entre directement à la deuxième place des meilleures ventes de singles en France, recensées chaque semaine par l'Ifop. Il n'ira pas plus haut mais reste de longues semaines dans le peloton de tête pour être certifié disque de platine au final, soit 300 000 exemplaires vendus.

Un clip accompagne évidemment le lancement promo de la chanson, une vidéo toute simple, tournée fin février 2005 dans un cinéma du XVIIe arrondissement de Paris et dans lequel Grégory tente de séduire une jeune fille malgré sa timidité.

Pour l'anecdote, sachez qu'en Savoie, le lancement du titre prend des allures de croisade : 120 000 exemplaires sont disponibles dans les magasins, et la chanson passe en boucle, impossible de la rater !

***Voir aussi* : « *Je deviens moi* » et la partie « Discographie » à la fin de cet ouvrage.**

▸ Esposito

Le nom de Davide Esposito n'est pas encore très connu du grand public français, mais en Italie cet auteur-compositeur est une référence en matière de variété et de tubes. Là-bas on présente même Esposito comme le digne successeur de Toto Cottugno et Umberto Tozzi réunis !

Pianiste et guitariste, il décide très jeune de faire de la musique son métier. Davide parcours alors les routes italiennes, courant le cachet dans les bars ou la rue. Ses qualités de compositeur ne restent pas longtemps anonymes.

Au début des années 1990, il est recruté pour écrire pour les autres. Sa réputation traverse les Alpes et il est sollicité pour écrire plusieurs titres destinés à nos vedettes ! Sylvie Vartan, Florent Pagny, Tina Arena chanteront ses œuvres, de même que Michal ou Elodie Frégé de la Star Academy. C'est donc tout logiquement que Davide Esposito vient à travailler pour Grégory Lemarchal en laissant adapter en français un de ses titres « Io se che tu », qui devient ici « Ecris l'histoire ».

Après ce premier tube, le duo sera encore amené à collaborer puisque l'artiste italien a également signé la musique de « De temps en temps », premier single de l'album posthume *La Voix d'un ange* paru en juillet 2007.

A l'occasion de l'émission hommage à Grégory en décembre 2007, présent sur le plateau de cette Star

Academy spéciale, Davide indiquera qu'il fait don de tous ses droits d'auteur sur ce titre au profit de l'Association Grégory Lemarchal pour la lutte contre la mucoviscidose.

Quant à sa propre carrière, elle démarre véritablement en France depuis la fin de l'année 2007 avec la parution d'un premier album, *Amor Eterno*, chez Warner Music, porté par le single « Un Italien à Paris », largement inspiré du tube de Sting « Englishman in New York ».

F

▸ Fortune

Un million d'euros ! Que faire d'un pareil pactole ? Pour Grégory, la somme allouée au vainqueur de la Star Academy est presque abstraite, à la limite indécente. Bien sûr, il se rend compte que c'est lui qui a gagné la compétition et qu'à ce titre, il mérite de recevoir son prix.

Mais ce prix, justement, n'est-il pas un peu surdimensionné ? Ses parents ne sont pas issus d'un milieu modeste, mais la famille n'est pas riche pour autant. S'ils n'ont jamais manqué de rien, Leslie et son frère ne sont pas pour autant des enfants pourris-gâtés. Fort logiquement, le récent millionnaire ne craque donc pas pour des folies style nouveau riche ! « Je me connais par cœur : je vais en donner une bonne partie ! Dans la famille, on n'est pas vraiment intéressés par l'argent. Ça ne va certainement pas nous changer », déclare-t-il au magazine *Télé Grandes Chaînes* en décembre 2004.

Alors, pour autant, Grégory annonce aussi ne pas vouloir se priver de quelques plaisirs que lui permet son nouveau pouvoir d'achat : il désire s'acheter une puissante voiture et un appartement à Paris, ville dont il ne peut guère s'éloigner pour sa carrière. Manque de temps ou de réelle volonté, il ne le fera jamais…

Une partie de la somme ira en fait à des travaux familiaux pour la maison de Sonnaz, ou sera reversée à des associations. Le reste – l'essentiel – sera sagement placé pour plus tard. Grégory consentira pour lui-même à s'acheter un ordinateur et à inviter tous ses amis au restaurant lors d'une soirée d'anthologie.

Notez que, depuis 2007, les règles de la Star Academy ont changé. Le gagnant ou la gagnante ne repart plus avec un énorme chèque de un million d'euros. Il ou elle remporte bien la somme, mais étalée sur la durée de son contrat, généralement de cinq années. Ceci afin d'éviter la réédition de l'accident industriel Magalie Vaé. La jeune fille l'avait emporté en janvier 2006. Son album, sorti quelques mois plus tard, ne s'était vendu qu'à 6000 exemplaires, loin de rembourser les frais.

Fans

Depuis la disparition de Grégory en avril 2007, les rangs du bataillon de ses admirateurs ne s'est jamais clairsemé. On peut même parler de ferveur pour qualifier l'amour de ce public très familial. L'univers, la personnalité, le répertoire et le destin tragique du jeune artiste lui ont forgé une sorte de légende populaire.

Ce phénomène avait été enclenché bien avant sa disparition brutale. Le chanteur bénéficiait déjà d'une véritable aura dans la presse et auprès des anonymes, chacun louant sa gentillesse et sa disponibilité. Les chiffres de ventes de ses disques ou le succès de son unique tournée prouvent que Grégory avait bel et bien construit quelque chose de durable avec ses fans, au-delà de ses simples atouts physiques : « Certains pensent que j'ai un public de midinettes, c'est faux ! Je suis très fier de m'adresser à toutes les générations », revendiquait-il en mars 2007 dans l'hebdomadaire *Télé Loisirs*.

La mobilisation spontanée de ces anonymes à l'annonce de l'aggravation de sa maladie et leur présence pudique mais palpable à sa mort tiennent presque lieu de phénomène. On peut d'ailleurs le constater en visitant les sites Internet consacrés à Grégory. Voici quelques exemples frappant par leur simplicité et leur sincérité : « Grégory, tu es parti depuis plus de sept mois et rien n'a changé : on écoute toujours autant ta voix d'un ange et mon fils de cinq ans connaît toujours aussi bien tes paroles et ta musique. Greg, j'espère que de là-haut tu peux voir et admirer ta famille parce qu'elle est extraordinaire ! Je suis une maman de 31 ans et je sais qu'il n'y a pas plus fort que de donner tout l'amour à son enfant. » « Grégory, que dire de plus que les autres à part que tu nous manques : ta voix, ta sensibilité, toi… Merci aux radios de toujours diffuser tes chansons… » « Tu seras toujours vivant dans mon cœur. Tu es un véritable modèle de courage qui me sert pour avancer chaque jour… »

Leslie, la sœur du chanteur ne s'y est pas trompée en tenant à écrire quelques mots en juin 2007 sur un forum Internet dédié aux supporters les plus fervents de son frère : « Malgré la très difficile et douloureuse période que nous sommes en train de vivre, nous souhaitions reprendre un contact direct avec vous. Nous avons reçu plus de 10 000 lettres, messages, témoignages. Toutes ces marques de sympathie et d'amour envers Grégory et notre famille nous touchent énormément et vont nous aider à trouver la force d'avancer. Nous vous renouvelons tous nos remerciements en vous assurant plus que jamais de notre disponibilité et de notre attachement à vous tous et à l'amour que vous avez porté et que vous porterez à Grégory. »

***Voir aussi* : « Web » et la partie « Webographie » en fin d'ouvrage.**

Graines de stars

Bien avant TF1 et la Star Academy, Grégory s'était déjà affiché à une heure de grande écoute à la télévision. En 1999, vous vous souvenez peut-être d'avoir aperçu sa mince silhouette sur le plateau de *Graines de stars*. Cette émission, née trois ans plus tôt de la fertile imagination de Thierry Ardisson, a fait pendant des années les beaux soirs d'audience de M6.

Présentée par Laurent Boyer, son principe reprenait le créneau des radios-crochets, dont nos parents et grands-parents étaient si friands. Un artiste vient interpréter une chanson devant un public qui le juge instantanément. S'il séduit la foule, il revient une autre fois. Sinon, il disparaît. Grégory Lemarchal participe à *Graines de stars* grâce à Arnaud Canguilhem, casteur de talents qui n'en manque pas chez Heaven'z Productions, une société spécialisée dans la découverte de nouveaux artistes pour différentes émissions de télévision.

En 1999 vient donc le tour du jeune garçon de 16 ans, frêle et à la voix haut perchée. Le déroulé de l'émission de M6 prévoit d'abord un titre en trio : ça sera « Foule sentimentale » d'Alain Souchon. Puis vient une chanson en solo : « Le chanteur » de Daniel Balavoine. Un registre dans lequel Grégory excelle. Il reprendra d'ailleurs plus tard « S.O.S d'un terrien en détresse » de ce même artiste.

Pourtant, ce soir-là, en direct, il lui manque quelque chose. Son timbre est là, mais pas tout à fait en place. Quelques fausses notes échappent à la maîtrise de sa gorge.

Le verdict du public est sans appel : il ne sera pas le gagnant du jour. Il ne rejoindra pas Jean Dujardin, les Poetic Lovers ou Nâdiya au palmarès des vedettes issues du show.

Qu'importe après tout ! « Je n'ai aucune amertume. Je m'étais même résigné à chanter toute ma vie sans jamais percer. Je savais qu'en plus du talent, il fallait un brin de chance », reconnaît-il humblement.

Plus qu'une « Graine de star », il a, c'est vrai, prouvé par la suite qu'il était une jeune pousse des plus prometteuses.

▸ Greffe

Enfin mais trop tard. En cette fin d'hiver 2007, Grégory est arrivé au bout du long chemin de croix infligé à son corps. Il n'en peut plus. Hospitalisé d'urgence à la suite d'une crise épouvantable, il doit se rendre à l'évidence et accepter ce qu'il a jusqu'ici refusé : une double greffe des poumons.

Le docteur Dominique Grenet, pneumologue de l'hôpital Foch de Suresnes qui suit son dossier depuis longtemps, trouve les mots pour lui faire franchir ce pas ultime mais décisif. Non pas que Grégory ait eu peur de la douleur : on sait que ce genre d'intervention chirurgicale particulièrement lourde génère des suites longues et pénibles. Non : il craignait de ne plus retrouver sa voix, l'opération pouvant influer sur la qualité des cordes vocales. Mais là, la praticienne lui donne la seule alternative possible : la vie ou la mort.

Amoureux et las, éreinté et voulant croire à d'autres lendemains, le jeune homme franchit le pas qu'il avait refusé de faire quelques mois plus tôt après avoir engagé les démarches nécessaires. Le souci, c'est que sa volonté se heurte à un écueil de taille : le nombre de greffons disponibles. C'est une triste réalité en France comme dans beaucoup d'autres pays : la masse de personnes prêtes à faire don de leurs organes reste dramatiquement faible. Tabou religieux, refus compréhensible de ne pas sacrifier une once d'un être cher disparu, les raisons existent et l'emportent sur LA raison.

Grégory avait d'ailleurs prévu, une fois guéri, de s'engager beaucoup plus directement pour secouer les mentalités : « Je n'ai qu'un regret, c'est de ne pas avoir parlé avec mon cœur face aux médias. Si j'ai la chance d'être greffé, c'est fini : je ne me tairai plus », lira-t-on dans *Paris Match* en juin 2007 au lendemain de sa mort. Début 2008 sur le site Internet « gregory-petit prince », Karine Ferri confirme : « Nous nous sommes tous battus et Greg le premier. Aussi je me dis que, quelque part, peut-être qu'il était là aussi pour qu'au travers de sa médiatisation, les gens prennent conscience. C'est malheureux, c'est horrible, c'était très dur pour nous, mais cette pensée nous aide à avancer… On se dit que, d'une certaine manière, il n'est pas parti pour rien ! Je dirais que Greg, c'est un message d'espoir, il a donné une leçon de vie à beaucoup de gens et il est parti digne, fier.»

Mots vains désormais, mais qui décrivent parfaitement une situation difficile pour les habitués de ce genre de combat contre la mort. C'est principalement celui de l'association « Vaincre la mucoviscidose » (www.vaincrelamuco.org) depuis des décennies : faire avancer les idées autant que la science. Sensibiliser l'opinion à cette guerre pour la vie qui a pour origine la mort. Une bataille loin d'être gagnée, désormais épaulée par l'Association Grégory Lemarchal.

En janvier 2008, sur le site Web « gregory-petit prince », Karine revient longuement sur cet engagement : « J'insiste sur le fait que nous, cela faisait longtemps que nous nous battions dans l'ombre. Grégory se battait au quotidien contre la maladie ainsi que ses proches. Aujourd'hui, ses parents ont ouvert l'Association Grégory Lemarchal pour combattre cette maladie, pour que les Français prennent conscience de l'importance du don d'organes : il ne faut pas que ce soit tabou… Le départ de Greg a fait couler beaucoup d'encre, mais il faut parler des choses positives qui se produisent pour que les autres malades qui sont en attente d'une greffe ne se disent pas : ça ne marchera pas. » Une bataille perdue par Grégory.

Le 26 avril 2007, son mal empire. Le 30, on le plonge dans le coma artificiel pour soulager sa souffrance. Il s'endort en espérant l'arrivée de ces organes plus que jamais vitaux. Ils ne viendront jamais et Grégory ne se réveillera plus. Cas célèbre parmi de nombreux autres, la mort du jeune artiste jette en tout cas la lumière sur une nécessité de santé publique, comme hier Laurette Fugain avec les plaquettes sanguines. Donner quand on s'en va. Laisser aux autres de quoi poursuivre un chemin qui pour soi s'arrête là.

***Voir aussi* : « Association », « Mucoviscidose » et la partie « Webographie » à la fin de cet ouvrage.**

▸ Gendarmes

Tout le monde sait que la vie de Grégory Lemarchal a été celle d'un garçon sage, poussé par le désir de s'offrir aux feux des projecteurs, à la musique et à l'amour des autres. On est donc bien loin de l'image du rocker rebelle et marginal.

Et pourtant… Saviez-vous que les gendarmes avaient dû le poursuivre en voiture en pleine nuit et lui enlever 2 points sur son permis de conduire, assortis de 90 euros d'amende ? La raison : Grégory, au volant de sa voiture, excédé par la lenteur du conducteur le précédant, n'avait pas hésité à franchir la ligne blanche et à rouler sur les zébrures d'un terre-plein pour gagner de précieuses minutes, au mépris des règles du code de la route !

▸ Hélène

Si Karine Ferri a été le grand amour de la vie de Grégory, sa première vraie fiancée s'appelait Hélène. Il la rencontre durant l'été 2004, peu de temps avant de faire son entrée au château de Damary-les-Lys.

On ne sait pas grand-chose de cette jeune fille. Greg tient dès le départ à maintenir un certain secret autour d'elle : « Ça n'a pas facilité mon départ, mais j'espère bien la retrouver à ma sortie. Je ne vous dirai pas son nom sans son accord. Appelons-la “ma petite princesse” ! C'est pour elle et pour tous les gens qui me soutiennent que je vais me surpasser », annonce-t-il fièrement dans l'hebdomadaire *Gala* en septembre 2004.

De fait, il tiendra parole. Rien ne filtrera jamais. Autre motif de satisfaction pour cet amoureux pur et vertueux : résister aux tentations. La promiscuité avec d'autres filles durant des mois, l'émulation entre garçons, le manque de sexe sont venus à bout de tant d'autres concurrents de tant d'émissions de téléréalité, certains craquant d'ailleurs dès le premier soir ! Grégory, lui, est formel : « J'ai toujours été un mec fidèle et je le resterai », annonce-t-il à Sofiane et aux autres. Parole tenue !

Mais à la sortie, une fois la victoire en poche, le tourbillon qui se déchaîne autour du vainqueur n'emporte pas que lui. Les liens avec Hélène se distendent brutalement. Amour trop jeune ? Pas assez fort ? En tout cas, Grégory est vite à nouveau un cœur à prendre. Cela ne durera que quelques mois, le temps de croiser Karine au détour d'un SMS.

▸ Hommage

La disparition prématurée de Grégory crée un choc dans l'opinion. Relayée par les médias, une vague d'émotion sincère traverse le pays. Les obsèques du jeune homme prennent une dimension quasi nationale et les personnalités s'y pressent. Une fois ce moment de recueillement passé, l'hommage se poursuit de façon beaucoup plus visible encore à la télévision.

Le 4 mai 2007, le lendemain des obsèques, TF1 diffuse en direct une émission spéciale, présentée par Nikos Aliagas depuis le château de la Star Academy à Damary-les-Lys. Plus de 10 millions de spectateurs regarderont ce show très spécial durant lequel de nombreux artistes viendront dire leur peine : Jenifer, Hélène Ségara, Nolwenn Leroy, Christophe Willem ou Gérard Lenorman. Ce dernier est un parrain de longue date de la lutte contre la mucoviscidose. Sa présence justifie également l'appel aux dons répété durant les presque trois heures d'antenne de ce soir-là.

Le climat de tristesse et d'espérance qui s'en dégage provoque apparemment un électrochoc auprès du public : près de 7,5 millions d'euros de promesses de dons sont ainsi recensés et, dans les semaines qui suivent, des dizaines de milliers de personnes font une demande de carte de donneur d'organes auprès des structures spécialisées.

TF1 renouvellera l'expérience le 28 décembre 2007, à l'occasion d'un des « primes » de la Star Ac'. Les candidats de la septième promo mettront pour un soir la compétition entre parenthèses pour chanter avec des vedettes confirmées de la variété les succès de Grégory, en présence de Laurence, Pierre et Leslie Lemarchal, mais aussi de Karine sa fiancée. « Pour nous, le pire est arrivé, mais on fera tout pour que le meilleur arrive », déclare, très ému, le papa du jeune homme, avant d'ajouter : « On est dans le combat. On ne veut surtout pas pleurer. Grégory est là et bien là. »

Cette fois, plus de six millions d'euros seront promis par le public, et les parents de l'artiste auront tout le loisir d'évoquer les missions de l'Association Grégory Lemarchal. Un nouvel électrochoc dans le cœur et la conscience du grand public, relayé par des mots simples et essentiels sur Internet, via par exemple le site « ninapeople.com » en janvier 2008 : « Vous êtes vraiment courageux : quand je voyais Karine avec les larmes aux yeux et votre famille tellement triste, mes larmes ont coulé à flots. Je vous souhaite plein de courage et j'espère qu'il y aura d'autres émissions. Je suis avec vous de tout mon cœur. » « Je ne me lasse pas de revoir les images de notre Petit Prince et d'écouter encore et encore sa voix d'ange. Je suis sûre que, de là-haut, tu nous vois et que tu es fier de ta famille et de tous tes fans, de ce qu'ils font pour l'association qui porte ton nom. Et c'est sûr qu'un jour on l'aura, cette putain de maladie. »

▸ Idoles

Avant de devenir lui-même le chanteur préféré de milliers de fans, Grégory avait bien entendu lui-même ses propres idoles. Quand il commence à se prendre de passion pour le chant, aux environs de ses 15 ans, il se chauffe la voix sur les tubes de ses artistes favoris : Lara Fabian, Isabelle Boulay ou Céline Dion ont ses faveurs. Des chanteuses qui ont du coffre, symboles d'un répertoire populaire.

Il faut dire que Grégory a été élevé à bonne école : son père lui faisait écouter à haute dose les titres de ses références personnelles : Lama, Brel ou Aznavour ! Et lui-même sait faire la part des choses : il y a les artistes qu'il respecte et ceux qu'il aime… vraiment ! « J'aime ce qu'a fait Goldman pour Céline Dion. Biolay ou Souchon sont de grands compositeurs, mais ce n'est pas du tout ce que j'écoute ! » lançait-il dans *Télé Star* en janvier 2005.

▸ Ivre mort

C'est sans doute un épisode que le public a oublié. Il est, c'est vrai, anecdotique, mais aurait pu valoir à l'époque de graves ennuis à Grégory. S'il avait été exclu de la Star Academy, son destin aurait-il vraiment été semblable ?

En septembre 2005, quelques semaines après le début de l'émission, les star-académiciens décident de fêter comme il se doit le dix-neuvième anniversaire d'une des leurs, Emilie. La soirée débute au château, transformé en boîte de nuit par Jean Roch, propriétaire du V.I.P., célèbre établissement parisien. Le souci, c'est que les jeunes gens se prennent vite au jeu ! Les quelques bouteilles d'alcool prévues par la production de l'émission sont rapidement vidées, et le groupe s'appuie ensuite sur d'autres munitions apparemment introduites en douce.

Au milieu de la nuit, l'état de trois des candidats devient inquiétant : Emilie, Sofiane et Grégory. Ce dernier ne buvant jamais à cause de ses problèmes respiratoires, il semble le plus mal en point. Un rapide séjour aux urgences de l'hôpital de Melun rassure vite tout le monde, mais la colère du directeur de cette quatrième promo sera terrible !

Gérard Louvin convoque tout le monde et annonce que, d'un commun accord, Emilie quitte l'aventure. Les autres compères de foire écopent d'un avertissement, mais Sofiane et Grégory auront eu chaud.

J

Je deviens moi

C'est le nom du premier album de Grégory Lemarchal, sorti le 18 avril 2005. Un album qui bénéficie d'un temps de production minimal, paraissant moins de quatre mois après la victoire de l'artiste en finale de la Star Academy. Ce n'est pas pour autant un album au rabais.

Les producteurs ont mis l'objet entre les mains expertes d'Yvan Cassar (« Mozart », comme le surnommait Grégory !) et fait appel pour la composition des morceaux à des spécialistes de la mélodie et des textes efficaces. Les plumes de Luc Plamondon (« Le bonheur tout simplement ») et de l'écrivain Marc Lévy (« Je t'écris ») sont venues renforcer l'équipe de choc. Pour donner une véritable identité sonore à l'ensemble, de gros moyens sont déployés, avec des sessions d'enregistrement instrumentales à Londres et Los Angeles. Pour le jeune chanteur, il s'agit bel et bien de passer un cap et de transformer un essai : « Le 3 septembre 2004, en entrant au château, j'ai tourné la première page de ma vie et j'ai entamé la deuxième. Le titre de mon album résume bien la situation : je suis beaucoup plus mûr. C'est ce qui me manquait », avouera-t-il.

Quant aux thèmes évoqués dans les chansons de Grégory, ils reflètent les préoccupations d'un garçon de son âge : l'amour, la volonté d'être heureux, notamment dans le premier extrait « Ecris l'histoire ». « Je ne voulais pas jouer sur les performances vocales ou techniques : j'ai cherché un univers qui me correspondait et auquel je pouvais inviter le plus grand nombre. Pour cela, j'avais besoin de textes forts. Je voulais jouer à fond la carte de l'interprétation », expliquera Grégory en avril 2005.

En décembre 2007, sur TF1, Pascal Nègre, le patron de la maison de disques Universal, confirme : « Il voulait chanter des choses qui voulaient dire quelque chose. »

L'artiste donne aussi libre cours à ses rêves, comme dans « Le feu sur les planches » où il parle de sa passion du métier. Grégory ne pouvait pas éviter de parler aussi de ce mal qui rôde, nuage menaçant sur ses soleils. La chanson « Je suis en vie », choisie comme deuxième single, y fait directement référence : « Je suis en vie, ça n'a pas de prix, ça n'est pas à vendre. Je suis en vie, je respire et j'espère… »

Immédiatement, ceux qui l'ont choisi comme vainqueur de la Star Academy font de « Je deviens moi » un succès de vente : en quelques semaines, 250 000 exemplaires de l'album sont écoulés. Grégory, pourtant, ne se satisfait pas de ce score. Il avoue même à ses proches sa déception.

Estimant ne pas être assez présent dans les médias, il se lance alors dans une campagne radio-télévisée-presse écrite effrénée qui, épaulée par la tournée qui l'emmène sur les routes de France, ne tardera pas à porter ses fruits. Après la commercialisation de deux autres singles, « A corps perdu » et « Même si (What you're made of) », le premier album du chanteur atteindra les 450 000 CD vendus, l'un des meilleurs scores des gagnants de l'émission de TF1 avec Jenifer et Nolwenn Leroy. Comme tout premier album, celui-ci comporte ses imperfections, mais il est déjà fidèle à ce que Grégory était vraiment. D'ailleurs, lui-même assumait totalement ces chansons, affirmant dans *Télé Loisirs*, en mars 2007 : « Ne croyez pas que je renie mon premier album : les gens qui ont composé pour moi m'ont bien cerné. Je resterai fidèle à la variété populaire. »

***Voir aussi* : « *Ecris l'histoire* » et la partie « Discographie » à la fin de cet ouvrage.**

▸ Karine

Premier et dernier grand amour… Une relation unique et sincère entre deux enfants de la téléréalité. La naissance cathodique de Grégory s'est faite quotidienne après primes, au rythme du show de TF1. Celle de Karine Ferri est due à une émission qui fit les beaux soirs de M6 il y a quelques saisons : *Le Bachelor*, adaptation d'un concept américain au principe simple et quasi misogyne.

Un jeune, riche et beau célibataire teste la personnalité et la séduction d'un groupe de jeunes filles, pour finalement n'en retenir qu'une et lui demander sa main, le cas échéant. Durant la seconde saison de l'émission française, c'est Steven qui endosse le rôle-titre.

Parmi les demoiselles à tenter la conquête de son cœur, se trouve Karine, une Parisienne née en 1982 à Suresnes dans les Hauts-de-Seine. Mignonne et dynamique, la petite fille est repérée dès ses huit ans pour participer à une publicité. Elle enchaîne ensuite les castings et passe son temps libre à faire des photos. Peu attirée par les études, Karine tente tout de même la filière littéraire après le bac. Mannequin depuis son adolescence, elle décide de se lancer définitivement dans cette voie et ne tarde pas à enchaîner les contrats pour une agence, parfois dans le monde entier.

En 2004, Karine a 21 ans. Lors d'un défilé, les producteurs du « Bachelor » la repèrent et lui proposent d'intégrer le gang de jeunes femmes qui doivent apporter beauté et naturel à l'émission. Elle accepte et noue rapidement une relation sincère avec Steven, restaurateur français basé à New York.

A la fin de l'émission, c'est elle qu'il choisit parmi la vingtaine de candidates, mais, coup de théâtre : Karine refuse le mariage. Elle n'est pas prête pour ce grand saut, pour l'exil aux Etats-Unis, loin des siens et de sa vie !

En coulisses, les choses en plus se sont accélérées : M6, séduite elle aussi par la « bachelorette », lui propose de devenir un des visages de la chaîne. Karine Ferri anime donc tour à tour la météo, les conseils routiers, une chronique sur la séduction et l'art de vivre, présente en remplacement *Star six music*. Elle passe également sur Fun TV ou TF6 : bref, elle trace sa route.

Populaire et sympathique, Karine devient même en 2005 l'ambassadrice de Bloody Bloom, une marque de lingerie. Cette même année, en septembre, le hasard la met sur le chemin de Grégory Lemarchal, le dernier vainqueur de la Star Academy. « Nous avions la même rage de vivre parce que nous avions à peu près le même parcours. Issus d'un programme de téléréalité, nous étions critiqués tous les deux. Il a fallu qu'on fasse nos preuves. On a travaillé dur. On avait la même éducation, la même sincérité », se souvient-elle en juillet 2005 dans l'hebdomadaire *Gala*.

Le fait est que les deux jeunes gens ont un autre point commun : Laetitia, maquilleuse de son état. Un jour qu'elle s'occupe du minois de Karine, la dame reçoit un appel de Grégory. Celui-ci fait transmettre ses salutations, lesquelles lui reviennent, chaleureuses. Il surmonte alors sa légendaire timidité et s'enhardit d'un nouveau message texto : « Si ça te dit qu'on se rencontre pour échanger nos expériences de téléréalité, tu peux me joindre à ce numéro… »

Karine ne perd pas de temps et provoque la rencontre. Coup de foudre immédiat et début d'une romance qui se conclut rapidement par une vie ensemble, dans un cocon des environs de Paris, à Rueil-Malmaison, près des parents de Karine. « Je veux éviter de vivre sur Paris même, où la vie est beaucoup trop speed et polluée. En proche banlieue, ça me conviendrait parfaitement », avait d'ailleurs déclaré Grégory dès l'hiver 2006.

Les magazines people s'arrachent les photos des tourtereaux : dans la rue, en soirée, en vacances au soleil… Eux s'en moquent, ne provoquent rien mais assument tout.

Le travail et les obligations les séparent souvent, mais leur passion les rassemble toujours, le temps d'un week-end en Normandie ou dans un palace parisien. « J'aime Grégory. J'adore sa simplicité, sa douceur, son côté rêveur, sa gentillesse. Mais ce que j'aime avant tout chez Greg, c'est sa générosité », dira-t-elle à *Public* en avril 2007.

Lui, dans le même hebdomadaire, le lui rend bien : « Comme auparavant on ne m'avait jamais vu au bras d'une demoiselle, ça a surpris, mais je suis un homme amoureux et fier de l'être ! »

Et Karine de raconter en détail les coulisses de leur vie en commun dans *Gala* en juillet 2007 : « On vivait ensemble, on faisait tout ensemble, je lui préparais de bons petits plats. On vivait à la cool dans une bulle d'amour. Il voulait que nous soyons un couple comme les autres. Il m'emmenait au restaurant, on se faisait des petits week-ends en amoureux. Parfois, ça lui demandait une énergie folle. Mais il ne montrait rien. Juste avant son entrée à l'hôpital, on avait projeté de refaire tous les deux des photos en amoureux. Je ne pensais pas qu'un jour, si rapidement, on allait me le reprendre. Pourtant, on s'est battus. Tous. Ses parents, ses amis, jusqu'au dernier jour. On croyait que l'amour serait le plus fort. »

La mucoviscidose mettra en effet malheureusement un terme brutal à cette belle histoire. Quand Grégory s'éteint en avril 2007, Karine est à ses côtés. Elle lui murmure des paroles apaisantes alors qu'on le plonge dans le coma artificiel, parlant de jours meilleurs et de guérison.

Déjà ailleurs, il lui répond simplement : « Je t'aime. » Ce sont des mots simples, essentiels. Les derniers qu'il prononce. Ceux qu'elle n'oubliera plus. En mai 2007, elle déclare : « Greg est l'homme le plus tendre, le plus doux, le plus attentionné que j'ai connu. Lui et moi portions le même bijou, un bracelet en forme de menotte, symbole de notre union à jamais. Il est parti avec le mien. J'ai le sien. Je le garderai toujours »

Elle ajoute un détail dans *Gala* en juillet 2007 : « Je porte aussi un médaillon autour du cou en forme de cœur avec son visage, offert par sa maman. Derrière le médaillon, j'ai fait graver une phrase qui reste entre lui et moi… Il n'y a pas eu de point final à notre histoire. Je suis croyante et je sais qu'un jour je le retrouverai, sans que rien ne puisse alors nous séparer. Je sais qu'il me regarde et je veux me battre pour qu'il soit fier. »

Karine Ferri est toujours animatrice de télévision. Chaque semaine, elle présente *Fan 2* sur M6. Son nom est désormais associé à la mode, aux cosmétiques. Une jeune femme de 26 ans, battante, dynamique, jolie comme un cœur. Son regard est franc, direct, mais on y voit souvent passer l'ombre du souvenir et du regret.

Grégory fait toujours partie de sa vie. « Disons que j'avance parce qu'il le faut. Mais quand on perd l'homme que l'on aime, celui avec lequel on avait fait tous ses projets d'avenir, l'homme qui comptait le plus sur cette Terre, non : on ne peut pas aller mieux. Le vide est là. Grégory manque à l'espace. Chaque matin il faut que je trouve la force d'avancer. Greg était un battant. Je ne peux pas me laisser aller. Pour moi, ma famille, la sienne, les fans qui me soutiennent », dit-elle en juillet 2007.

Karine était bien évidemment présente en décembre 2007 lors de la Star Academy spéciale qui permit de recueillir plus de six millions d'euros de dons pour lutter contre la maladie.

Bouleversée, retenant ses larmes puis les laissant couler, elle a tenu toute l'émission, écoutant les autres parler et chanter celui qu'elle a si bien connu.

Voir aussi : « **Amour** ».

▸ Karaoké

Véritable sport national en Asie, occasion de se défouler et de s'amuser en Occident, le karaoké s'appuie sur un principe simple et efficace à la fois. Les paroles d'une chanson défilent sur un écran pendant qu'un apprenti chanteur tente de les interpréter sur la musique originale. C'est généralement un massacre, parfois une divine surprise.

Cette seconde option est celle qui survient le 12 juillet 1998 au camping d'Argelès-sur-Mer, près de Perpignan, dans les Pyrénées orientales. La famille Lemarchal y passe ses vacances d'été au moment de la finale France-Brésil de Coupe du monde de football. Pierre, le père, propose un pari un peu dingue à Grégory son fils : si les coéquipiers de Ronaldo l'emportent, il montera sur la scène du karaoké.

Si les Bleus de Zidane s'imposent, c'est l'adolescent qui jouera le remake de « J'aurais voulu être un artiste » ! Grégory accepte, convaincu de la défaite des Français face au rouleau compresseur brésilien… La suite est légendaire : et 1, et 2 et 3/0 ! Un soir de cet été-là, le jeune homme s'empare donc du micro et entonne « Je m'voyais déjà » de Charles Aznavour. Un essai plus que concluant : ce public de camping, généralement peu attentif et moqueur, est scotché !

« Il chantonnait bien à la maison, mais nous ne nous étions jamais vraiment arrêtés à la beauté de sa voix », avoue son père en décembre 2004 dans le journal *L'Illustré*. Le début d'une vocation et d'une aventure unique…

▸ Louvin

Dans la catégorie des producteurs de télévision, Gérard Louvin est sans doute un des plus marquants des vingt dernières années. Cet ancien cuisinier, né au lendemain de la Seconde Guerre mondiale, change diamétralement de voie au début des années 1970. Il veut faire partie de la grande troupe du showbiz.

Son bagout, sa personnalité, son dynamisme, son sens du travail et son goût pour la fête le font remarquer par Claude François. Il devient le secrétaire de l'interprète de « Comme d'habitude » puis le manager d'Alain Chamfort avant de voler de ses propres ailes en créant sa société en 1982. GLEM va devenir un réservoir à vedettes, propulsées sur le devant de la scène grâce au succès des émissions de variétés : Lio, Michel Leeb ou Pierre Palmade.

En 1987, avec la privatisation de TF1, Gérard Louvin accède à la production télévisuelle. Un domaine qui va faire de lui un homme riche, craint et respecté grâce à une émission symbole de sa réussite : *Sacrée Soirée.*

Durant plus de sept années, à raison de 264 shows hebdomadaires présentés par Jean-Pierre Foucault, la variété retrouve une place de choix à la télévision.

Par la suite, Louvin produira également des spectacles et des comédies musicales. Certaines, comme *Les Années twist* ou *Roméo et Juliette*, seront de gros succès, d'autres comme *Belles, belles, belles* ou *Les Demoiselles de Rochefort* seront des échecs parfois cinglants.

Homme de spectacle avant tout, Gérard Louvin a également racheté en 2006 le Théâtre de Bobino, transformant cet ancien cabaret un peu désuet en boîte de nuit branchée, à l'image de son restaurant-dancing L'Etoile, au pied de l'Arc de triomphe. Et la Star Academy, me direz-vous ?

En 2004, l'émission parie sur un nouveau directeur, en remplacement de Nathalie André. Louvin, déjà producteur des tournées des différentes promos, prend du galon et s'installe au château de Damarie-les-Lys. Physiquement et vocalement imposant, il tranche avec ses prédécesseurs et ne se prive pas de dire tout haut (très haut !) ce qu'il pense vraiment.

On se souvient de ses mises au point souvent définitives et sans appel : « Si on m'emmerde, je le dirai. Il faudra que ça tourne rond. Les élèves ne sont pas là pour rigoler. L'hôtel 4 étoiles, c'est fini. » Ou encore :

« Soyez prêts à travailler dur pendant 4 mois, presque 24 heures sur 24. Si la modestie n'est pas votre fort, par la force des choses vous l'apprendrez. » Ou enfin : « Un artiste ne se plaint pas, ne geint pas, n'est jamais malade. Il faut être capable d'entendre la vérité. Je ne mentirai jamais à un élève en lui disant qu'il est génial s'il chante comme un pied ! »

Résolutions prises dès l'ouverture de la quatrième saison et qui seront tenues à la lettre durant toute la session. Certains et certaines s'en souviennent encore !

***Voir aussi* : « Star Academy ».**

▸ Leslie

Pour ceux d'entre vous qui l'ont vécue, l'arrivée d'un petit frère ou d'une petite sœur n'est pas un événement anodin.

D'enfant unique, l'aîné accède soudainement à un autre statut : il doit partager l'amour de ses parents, leur temps et leur attention avec cet autre que lui n'aurait sans doute pas souhaité, en tout cas dans la réalité ! Grégory a six ans quand Leslie fait son entrée dans la famille Lemarchal en 1989. Un bonheur tout simple pour Pierre et Laurence, bonheur amplifié par le fait que leur fille n'est pas atteinte de la même maladie que son grand frère.

Leslie et Grégory apprennent à se connaître en grandissant. Bien entendu (c'est presque une règle immuable, n'est-ce pas ?), les colères, les disputes, les bouderies viendront rythmer les années qui passent, mais rien n'entamera jamais l'amour puissant et sincère qui unit ces deux-là. « Tu m'as toujours protégée et tu m'as appris la vie. Oui, à travers toi, j'ai grandi. Tu m'as tellement apporté...Tu ne t'imagines même pas, j'en suis sûre. Comment te remercier ? A jamais tu guideras mes pas. Je t'aime à l'infini, frérot », laisse-t-elle échapper en novembre 2007 dans son livre *Mon frère, l'Artiste.*

Leslie sera, au fil du temps et du développement du parcours puis de la carrière de son frère, extrêmement fière de lui. Et pourtant, leurs routes divergent sur bien des points, notamment vis-à-vis de l'école : elle est une très bonne élève ! Qu'importe, son idole, c'est lui. Elle ne manque pas une occasion de lui prouver son admiration, comme cette fois où elle lui fait visiter sa chambre, entièrement décorée de posters et de coupures de presse relatant les exploits de Grégory au château. Là-bas, le jeune homme porte en permanence une chaîne à laquelle pendent un micro, un canard et ses initiales en argent : « Ce sont mes parents et ma petite sœur qui me l'ont offerte. J'y tiens beaucoup », explique-t-il à ses camarades de la Star Ac'.

Pour Leslie, la séparation a été longue, difficile. Elle attend avec impatience de pouvoir le suivre chaque soir devant sa télévision, quand elle peut se rendre sur le plateau du « prime » ou les rares fois où Grégory revient le temps d'une pause se ressourcer en famille. « Avant la Star Ac', on ne se quittait jamais. J'ai vraiment hâte qu'il rentre pour aller au cinéma avec lui, passer des heures à discuter à la maison. C'est pour toutes ces petites choses simples que mon frère m'a manqué », reconnaîtra-t-elle en décembre 2004.

Mais ça y est : Grégory est bientôt de retour. Il a gagné la compétition. Leslie ne le récupérera pas pour autant. Elle devra même de plus en plus apprendre à le partager avec les autres : le public, les médias, les professionnels de l'industrie du spectacle et un jour avec Karine. « Tu étais en train d'accomplir ton rêve, vivre ta passion et cela te rendait heureux. Cependant, une chose manquait à ton bonheur : l'amour, le vrai avec un grand A. Celui que tu attendais sans trop y croire... Et moi, en tant que sœur, je rêvais de ce moment où je verrais mon frère amoureux et aimé en retour. Ce jour-là arriva... Karine, ton petit ange », confie Leslie dans son livre.

Et puis, bien sûr, il y a celle qui l'accapare toujours et qui finira par le prendre tout entier : la mucoviscidose. Elle se souvient dans son ouvrage de ces instants partagés avec son frère, pour tenter d'apaiser sa douleur : « J'adorais te masser dès que tu le désirais (souvent donc !), car le simple fait de t'aider à te relaxer, de t'offrir des moments d'apaisement qui t'éloignaient un peu de tes souffrances, me faisait me sentir utile... J'aimais te voir t'évader. Pendant ces instants, je te faisais du bien et j'apaisais quelque peu mon sentiment d'impuissance. »

Leslie est au chevet de son frère chéri quand il

part pour d'autres cieux, le 30 avril 2007. Aux obsèques, quelques jours plus tard, elle se fend d'un adieu particulièrement bouleversant : « Tu n'as pas eu cette chance, en laquelle nous avons cru du plus profond de notre âme, d'être préparé pour un nouveau départ. Les anges t'ont rappelé trop vite, pourtant tu t'es battu sans cesse avec une force venue de l'au-delà que l'on ne sait pas expliquer, tout ça pour repousser au maximum ton retour parmi les anges. On se retrouvera un jour, mon frère… Je t'aime à l'infini… »

En attendant, la vie continue. Celle de Leslie passe encore et toujours par les études et H.E.C. La jeune fille, aujourd'hui âgée de 19 ans, ne s'est pas pour autant détournée de l'œuvre posthume de Grégory. Elle est, comme ses parents, très investie dans l'Association Grégory Lemarchal. Elle est également l'auteur d'un livre très émouvant, qui regroupe plus de 200 photos et textes.

Les bénéfices de cette parution ont été reversés en intégralité à la lutte contre la maladie. On peut y lire ce dernier message public adressé au disparu et signé de la main de Leslie : « Aujourd'hui, ton âme s'est envolée vers cet autre monde dont tu captais les ondes. Plus de souffrance, plus de peur. Uniquement de l'amour dans cet au-delà où, je suis sûre, tout est plus beau qu'ici-bas. »

***Voir aussi :* la partie « Bibliographie » à la fin de cet ouvrage.**

Laurence

Elle en avait tellement rêvé de ce fils. Elle l'avait attendu, porté, choyé déjà avant même qu'il ne soit dans ses bras. Et puis il était là : petite chose rose et dodue à la fois, fragile et dynamique. Deux premières années de bonheur sans taches.

Laurence Lemarchal est déléguée médicale, un travail prenant qui ne l'empêche pas de se consacrer pleinement à son enfant et qui, un jour, lui fait remarquer des symptômes inquiétants.

Premiers signes d'une terrible maladie dont le nom l'accompagnera jusqu'à la fin de sa vie après avoir pris celle de Grégory : la mucoviscidose. Jamais Laurence ne tentera de dissuader son fils d'être un garçon comme les autres : il fera du sport, il chantera, il entrera à la Star Academy, il partira en tournée, enchaînant émissions et promotion.

Ce serait faux de dire que cette maman passionnée n'a pas tremblé pour son fiston, surtout durant les longs mois passés derrière les murs de Damary-les-Lys, voulant croire en ses chances malgré la fatigue, s'agaçant des remarques sur le supposé favoritisme dont Grégory aurait bénéficié du fait de sa maladie : « Il est comme les autres. C'est un battant, il sait se surpasser et il ne franchira jamais la ligne rouge. Voilà sa seule différence peut-être : sa maladie lui permet de connaître exactement ses possibilités », lâche-t-elle en décembre 2004 dans le journal suisse *L'Illustré.*

Maman en colère, elle enfonce le clou en janvier 2005, au lendemain de la victoire sans appel de son fils

: « Quand j'entends dire que Greg a eu un traitement de faveur pendant l'émission (ce qui est faux), ça me fait bondir ! Le traitement de faveur, ce sont les autres qui l'ont, dès la naissance. Pas mon fils. » Présente sans jamais s'imposer, discrète et efficace en coulisses, aux côtés de son fils, Laurence va révéler toute sa force dans sa douleur.

A la mort de Grégory, elle s'effondre. Tant d'efforts et de souffrances pour une telle déchirure, pour une ultime chance gâchée par ce temps après qui toute la famille court depuis 24 ans…

C'est pourtant son insistance qui a en partie convaincu Grégory d'accepter l'ultime main tendue du destin : la greffe. Elle est à ses côtés lorsqu'il s'endort, plongé dans le coma artificiel.

Elle est là quand il s'en va le 30 avril 2007. Elle tient à peine debout, mais endure l'atroce et magnifique cérémonie des obsèques, écoutant les autres prononcer à la mémoire de son enfant les mots qu'elle n'aurait jamais voulu entendre.

Laurence Lemarchal comprend vite qu'elle ne peut se murer dans sa détresse. Qu'après le temps des larmes viendra celui du combat. Tout faire pour que Grégory ne soit pas parti pour rien.

En juin 2007, avec le concours actif de Pierre et d'autres, elle met au point les bases de l'association qui portera le nom, le message et la cause de son fils. Il en va sans doute de sa survie personnelle (noyer la douleur dans le travail), mais aussi de la fidélité à une parole : « Je lui ai fait la promesse de me battre. Et une promesse de maman », explique-t-elle dans l'hebdomadaire *Télé 7 Jours*.

***Voir aussi* : « Parents » et la partie « Webographie » à la fin de cet ouvrage.**

M

Mucoviscidose

Il en va ainsi de notre civilisation, de nos habitudes, de notre nature sans doute. Il faut qu'un événement dramatique nous frappe de plein fouet pour que nous prenions soudain conscience d'un malheur, d'un problème ou d'une tragédie. Sans cet accident du destin, nos cœurs restent souvent sourds à la détresse de ceux qui pourtant nous entourent.

La maladie de Grégory s'appelle la mucoviscidose. Elle n'est pas exotique ou rare. C'est un fléau banal, sournois.

Quelques chiffres ? Deux millions de personnes sont porteuses du gène en France. Deux cents enfants supplémentaires naissent chaque année avec. La durée de vie moyenne des malades n'est que de 24 ans. Grégory est mort juste avant…

Sur le site www.association-gregorylemarchal.com, on trouve les informations les plus complètes et les plus simples pour comprendre les origines de la maladie. Le mot vient de l'addition de « mucus » et « viscosité ». Le mucus est une matière organique que l'on trouve en couche sur les canaux de plusieurs de nos organes vitaux. Il en recouvre les parois et, en les humidifiant, aide au transit des différents fluides qui les traversent. Lorsque l'on est atteint de mucoviscidose, ce mucus est plus épais que la normale, plus collant aussi. En adhérant aux parois, il en obstrue partiellement la circulation, d'où des difficultés respiratoires ou digestives le plus souvent. Exemple fréquent : les bronches s'encombrent, ce qui déclenche des quintes de toux. Le problème, c'est que chaque patient est différent. Cette déficience génétique peut désormais être décelée très tôt, grâce à un prélèvement sanguin du nouveau-né ou grâce à l'analyse de sa sueur.

Quand Grégory voit le jour en 1983, ces pratiques ne sont pas encore usuelles. De plus, la maladie ne livre aucun signe extérieur pour qu'on l'identifie. Il faut malheureusement attendre les premiers symptômes inquiétants : essoufflement, crise de toux…

Laurence et Pierre Lemarchal commencent à s'inquiéter alors que leur fils est dans sa deuxième année. De plus en plus souvent, le petit garçon semble manquer d'air après des efforts qui sont ceux des jeux de son âge et n'ont rien de surhumain.

Une banale consultation chez le médecin les pousse à se rendre chez un spécialiste qui confirme la gravité du premier diagnostic : Grégory est bien atteint de mucoviscidose. Au Centre hospitalier de Grenoble, un spécialiste prend le cas de l'enfant en main. Le docteur Jean-Pierre Gout suivra son patient jusqu'au bout.

Nous n'en sommes pas là en cette année 1985. La catastrophe identifiée, il faut maintenant vivre et faire avec. Pas question de placer Greg dans une sorte de bulle stérile, à l'écart de la vie habituelle d'un garçon de son âge. Il doit absolument se sentir à l'égal des autres, ne surtout pas avoir l'impression de souffrir d'un handicap. Les experts sont formels : il en va de sa bonne santé, de son espérance de vie.

Enfant, puis adolescent, il va donc faire du sport. Pierre Lemarchal l'intéresse au basket, puis au foot avant le rock acrobatique plus tard. Cela passe par de longues et fatigantes séances de kinésithérapie à domicile, par l'aménagement de la salle de classe pour que tout ce qui pourrait gêner sa respiration ou produire des germes soit proscrit : plantes et aquariums, par exemple. Dispositif contraignant dans les balades de tous les jours : les étangs ou les mares peuvent dégager des bactéries, des spores ou des vapeurs nocives. Quand il a soif, c'est de l'eau minérale qu'il doit absolument ingérer, jamais celle du robinet. Grégory dispose, notons-le, d'un bel atout totalement naturel : sa région natale, la Savoie, et l'air pur de ses montagnes et alpages.

Il tient le coup. Les années passent : jamais faciles, souvent heureuses. C'est un garçon volontaire, combatif, enjoué.

Puis vient le temps de la Star Academy. Le grand tournant de sa vie. Pendant quatre mois, Grégory démontre l'étendue de son talent, mais expose aussi ses failles, son talon d'Achille. Oui, il est atteint de mucoviscidose. On a beaucoup dit à l'époque que son recrutement tardif était en partie dû à son mal. Parce que cela ferait vendre, parce que cela toucherait la fameuse téléspectarice-ménagère de plus ou moins 50 ans.

Les producteurs de l'émission jurent aujourd'hui encore que c'est uniquement le talent du jeune homme qui l'a fait sélectionner et que le reste n'est que racontars de journalistes. En interne, même, certains des professionnels entourant les élèves affirment n'avoir découvert l'état de santé du candidat Lemarchal que sur le tard. « On m'avait dit que l'un des candidats avait des soucis de santé, mais je ne savais pas qui. Difficile de se douter qu'il s'agissait de Grégory, même une fois que je l'avais vu et entendu chanter», indique Matthieu Gonet, directeur musical.

Pierre Lemarchal a exigé un protocole particulier pour son fils : il disposera au château d'une chambre individuelle et sera dispensé des cours les plus fatigants. C'est à cette condition non négociable que Grégory entre au château de Damary-les-Lys à la fin de l'été 2004, pour quatre longs mois.

Ses parents le regardent, inquiets, s'embarquer pour l'aventure. Il n'a jamais quitté son cocon familial plus de deux semaines d'affilée. « Ils m'ont dit de prendre soin de moi, de faire attention à mon corps, de ne pas trop m'épuiser. Cela fait 21 ans que je me gère : je sais très bien ce que je peux faire et ce que je ne peux pas faire », confie-t-il, touché et agacé par tant d'égards en septembre 2004. A la même période, il enfonce le clou : « Par la seule volonté, on se découvre une force que l'on ne soupçonne pas. Je sais qu'au château il y aura des passages difficiles, il faudra les surmonter vite pour aller de l'avant. »

Et pour que le message passe bien, il termine, dans *Public*, avec une troisième intervention, toujours en septembre 2004 : « Je veux montrer que ce n'est pas parce qu'on a un petit problème qu'on doit s'apitoyer sur son sort, se dire qu'on doit consacrer sa vie à se soigner. On est comme tous les jeunes, on a des passions, des rêves, des objectifs et j'espère bien les atteindre. »

La rumeur et la suspicion restent cependant vivaces, et ses parents viendront également à son secours en tentant de dégoupiller cette grenade médiatique qui insinue que le jeune artiste est avant tout là pour faire pleure dans les chaumières et qu'au fond, peu importe ses qualités artistiques… « Il est comme les autres. C'est un battant, il sait se surpasser. Il ne franchira jamais la ligne rouge. Voilà sa seule différence : sa maladie lui permet de connaître exactement ses possibilités », tient à dire, en pleine polémique, Laurence dans le quotidien Suisse *L'Illustré* en décembre 2004.

Au fil de la Star Ac', son état de fatigue atteindra parfois des sommets inquiétants. Certains techniciens ayant travaillé sur les « primes » notamment se souviennent de l'avoir vu grimacer, presque s'effondrer juste avant de passer à l'antenne.

Le stress, l'effort physique, le chant ou la danse, c'est vrai, ne sont pas recommandés quand on est atteint d'une telle pathologie. Mais Greg est toujours reparti à la conquête d'un nouveau défi, d'une nouvelle marche de sa destinée. Posons la question : sa participation au show de TF1 a-t-elle diminué la durée de sa vie ? Elle ne l'a certes pas prolongée, même si certains médecins déclarent que le sport et le chant ne peuvent qu'aider un corps atteint de mucoviscidose à être plus résistant.

Dans *Ciné Télé Revue*, en novembre 2004, les parents de Grégory reconnaissent d'ailleurs que leur fils ne va pas si mal que ça : « Depuis qu'il est au château, sa santé s'est améliorée. Il a grossi et certains tests sont meilleurs qu'avant. Il a plus de souffle, ce qui étonne les médecins. Le kiné a probablement développé sa capacité respiratoire et lui a appris à s'en servir au mieux. »

Dans ce journal, Laurence précise le fond de sa pensée : « Le plus important, c'est qu'il soit heureux et, comme il vit les choses avec un bonheur intense, ça ne peut qu'aller bien ! » Ce qui est certain, c'est que la Star Academy a surtout donné à Grégory la rage de vivre un peu plus longtemps, de se dépasser pour atteindre ses objectifs et son rêve : être un artiste. Etre humain ordinaire à l'existence extraordinaire.

Il ne dérogera désormais plus à la règle qu'il s'est fixée et qui lui a si bien réussi durant ces semaines de compétition : au bout de ses envies. Tant pis si, parfois, la « muco » vient rejouer les oiseaux de très mauvais augure. Lui ne s'économisera plus. Olivier Ottin, qui fut son ami, son confident et son manager, se souvient du rythme imposé par Grégory durant les deux années de sa courte carrière : « C'était un petit con ! Pour faire chier les gens, il disait : "Je n'ai pas de souffle, donc je vais chanter." Et personne encore aujourd'hui ne s'explique comment il arrivait à sortir ces notes-là, comment il arrivait à chanter parce que, par moments, trois minutes avant de chanter, il en était incapable, car il était essoufflé. Ce qui est drôle, entre guillemets, c'est que l'histoire de Greg, dans le monde de la muco, a fait le tour du monde.»

La fin de l'histoire, nous la connaissons tous. Au cœur de l'hiver 2007, le jeune homme montre d'évidents signes d'affaiblissement. Le mal a refait son retard. Il le talonne désormais et menace de le rattraper. Grégory sait qu'il n'aura pas d'autre répit. Il se retranche dans sa toute nouvelle maison de Rueil en banlieue parisienne et tient lui-même à informer la presse de l'évolution de sa santé. Il choisit l'hebdomadaire *Télé Loisirs* en mars 2007 pour le faire : « Pendant un long moment, un an sans doute, je vais rester hors champ, jusqu'à la sortie de mon prochain album. Je l'enregistrerai cet été, quand l'air sera sec. Car vous le comprendrez, je veux être au mieux de ma condition physique. Je prends du recul pour mieux sauter. Je vais prendre soin de moi, j'en ai vraiment besoin. »

Diagnostic fort juste, mais tardif. Les choses s'enchaînent, s'aggravent. C'est finalement l'hôpital et la décision de tenter un dernier pari : une greffe pulmonaire. Plongé dans un sommeil artificiel, Grégory ne se réveillera plus. Le pari est perdu. La mucoviscidose a gagné.

Mais ses proches veulent croire qu'il ne s'agissait que d'une bataille et que la guerre est loin d'être jouée. Le soldat Lemarchal que l'on n'a pu sauver sera l'étendard d'une nouvelle croisade contre la maladie. C'est tout l'enjeu de la fondation créée après sa disparition. Olivier Ottin en résume les actions sur le site Web « newdealcasting.com » : « On fera tout ce qui est en notre pouvoir pour que la recherche avance, pour que les malades aillent mieux dans leur quotidien. On va s'occuper de l'accueil des familles à l'hôpital, car c'est très compliqué quand vous avez un enfant malade de la muco en fin de vie. La famille campe dans la chambre : ils dorment à trois sur un lit de camp. C'est compliqué pour un malade de partir en vacances, donc on va essayer de remédier à ça aussi avec un réseau de kinésithérapeutes. »

Un rappel enfin et surtout : la mucoviscidose n'est pour l'instant pas guérissable. C'est également un des enjeux de l'Association. Si on ne peut que la ralentir, si jusqu'ici c'est elle qui gagne, il y a néanmoins une façon de l'empêcher de remporter une victoire à chaque fois : la greffe.

Pour Grégory, les poumons tant espérés ne sont jamais arrivés. Karine Ferri rappelle tout l'enjeu de cette bataille de la science contre les tabous sur le site « gregory-petitprince » : « Je pense que le départ de Grégory a pu faire prendre conscience de la gravité de la maladie qui était inconnue du grand public, bien que de nombreux enfants naissent avec. Il y a eu comme un électrochoc ! Malheureusement, vous vous doutez bien que sa famille et moi-même aurions aimé que Grégory bénéficie de cette prise de conscience et qu'il ait la chance d'être greffé. Mais aujourd'hui, ce qui est important au final, c'est qu'il y a de l'espoir, des réussites. »

A ce sujet, une structure pionnière existe en France. Elle a soutenu les parents de Grégory comme des milliers d'autres, leur apportant conseils et réconfort : il s'agit de l'association « Vaincre la mucoviscidose ».

Elle dispose d'un site Internet très informatif, notamment sur le don d'organes : www.vaincrelamuco.org.

Voir aussi **: « Association », « Greffe » et la partie « Webographie » à la fin de cet ouvrage.**

▸ Médias

Radio, télévision, journaux. C'est le triangle magique pour qu'un artiste bénéficie d'une promotion digne de ce nom. Triangle diabolique parfois, quand les règles de départ sont un peu faussées. Pour le cas de Grégory, les choses étaient à la fois simples et compliquées !

Simples, car son talent et sa gentillesse convainquaient les plus sceptiques. De plus, ses différents disques, de par leur contenu variété-pop, avaient tout à fait leur place en programmation.

Compliquées aussi, car le jeune artiste partait avec un handicap pour certains infranchissable : il avait participé à un programme de téléréalité, qui plus est un de ceux qui ont le mieux fonctionné dans l'histoire de notre petit écran !

La Star Academy, ça peut être un fabuleux booster dans une carrière, mais également un boulet que l'on traîne longtemps. Si Jenifer, Nolwenn Leroy, Elodie Frégé ou Olivia Ruiz ont su en tirer profit sans jamais rien renier, Michal, Magalie Vaé, eux, ne s'en sont pas remis… pour l'instant en tout cas ! Ajoutez à cela un doute lancinant sur l'exploitation « honteuse » de sa maladie et vous comprendrez que Grégory ait eu parfois un peu de mal à jouer honnêtement le jeu de l'interview, tant les dés paraissaient pipés !

Il n'était pas encore sorti du château que déjà certains montaient au créneau, tel cet article tiré du site Internet du *Nouvel Observateur* à la fin de l'été 2004 : « Après la fille-mère qui a abandonné son enfant, après l'homosexuel qui fait son outing pendant l'émission, après le transsexuel qui se balade en robe dans les champs, Endemol a sélectionné pour le prochain opus de Star Academy un candidat doublement remarquable : doué d'une très belle voix, il est par ailleurs atteint d'une maladie (actuellement) incurable. La chaîne a exigé que celle-ci ne soit pas mise en scène, ni dans le portrait du candidat ni au cours de l'émission. Sans ignorer bien sûr que le public en serait averti dès le lancement du programme. » Comme bases de futurs rapports médiatiques, on fait mieux !

Grégory a fini par être touché par ces ragots et ces soupçons. Heureusement, il a su en tirer une sorte de leçon de vie, comme il le confiait en avril 2005 : « Quand j'étais au château, je ne me rendais pas compte à quel point certains médias étaient prêts à toutes les bassesses pour vendre leurs journaux. On a écrit beaucoup de bêtises sur ma santé pour faire vendre. J'ai pris une claque en lisant certaines choses. Certains n'ont aucun scrupule à écrire n'importe quoi. On m'a dit qu'il fallait que j'apprenne à faire avec. J'essaye… »

Nous savons tous que Grégory est parvenu à surmonter ce handicap et qu'il a prouvé par la suite qu'il ne devait à personne sa sélection, puis sa victoire et enfin son succès d'artiste. D'ailleurs, au fil des semaines d'émission, au vu de ses performances et sa légitimité, les médias en général n'ont pu que s'incliner. Ce fut un combat de tous les jours, pour convaincre parfois de simplement écouter avant de juger.

En se confiant à la presse durant l'été 2005, Grégory était bien conscient de ce qui l'attendait : « Le plus dur va commencer en septembre parce qu'il va falloir convaincre le public qui reste peut-être sur des préjugés par rapport à la téléréalité. C'était un tremplin, maintenant je peux aussi bien être sur TF1, France 2, France 3 ou M6. »

Et il avait raison.

Grégory détient par exemple, sur une courte période, un record en matière de couvertures de magazines télé ou people. Son talent, son succès ou sa belle histoire avec Karine y sont pour beaucoup.

Sa disparition tragique a déclenché une vague médiatique sans comparaison, au regard de l'impact réel de sa carrière sur l'histoire de la chanson française.

***Voir aussi* : « Vedettariat ».**

Grégory participe en 1999 à l'émission *Graînes de stars* sur M6.
Cette fois-là, il n'ira pas en finale.

2004, l'année du sacre. Il remporte la *Star Academy 4*.

DR

Chaque semaine, il faut convaincre le public et le jury.

…urant l'émission du 1er octobre 2004, avec Lucie, future finaliste.

DR

De tout coe
dans votre d
Amitiés

Les pochettes du premier single
et du premier album en 2005.

Regard droit, fier et décidé : à la scène comme à la ville.

©Asa/DALLE

Album live
de la tournée 2006,
paru en 2006 et enregistré
à l'Olympia de Paris.

Gérard Darmon remet à Grégory le NRJ
Music Award de la " Révélation francophone
de l'année " en janvier 2006 à Cannes.

L'émotion du public, des médias et des anonymes
lors de la disparition de Grégory au printemps 2007

Il est parti debout, l'espoir chevillé au cœur et au corps.

La voix d'un ange s'est tue.
Reste le visage d'un petit prince
dans nos mémoires...

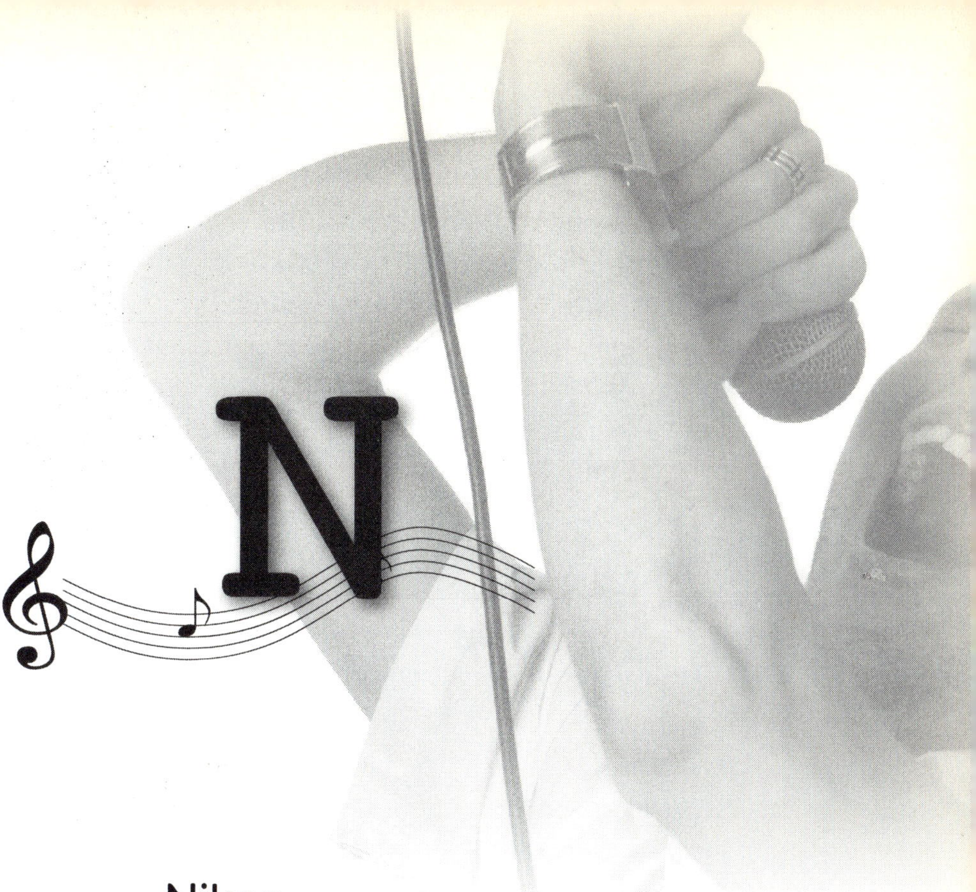

N

▸ Nikos

Nikos Aliagas en a vu passer des promos ! Sept au total. Cela représente des centaines d'heures d'antenne, des dizaines de candidats, des milliers d'émotions… Mais Nikos Aliagas garde au fond du cœur une profonde affection pour Grégory Lemarchal et pas seulement parce que le vainqueur de l'édition N°4 est parti plus vite que prévu vers d'autres cieux. Une véritable amitié était née entre les deux hommes au fil du temps. A la mort de Greg, l'animateur de la Star Academy ne cache pas sa profonde douleur. Il évoque carrément la perte d'un « membre » de sa famille.

Quels étaient les points en commun entre ces deux garçons ? La date de naissance pour commencer : le

13 mai… 1969 pour ce Français d'origine grecque. La volonté de faire ses preuves ensuite : Nikos débute à la radio, sur RFI, avant de rejoindre la chaîne Euronews en 1992. Six ans plus tard, il est repéré par Christine Bravo, qui en fait son chroniqueur « à la sauce grecque » dans l'émission *Union libre.* Parallèlement, le journaliste présente le 20 h sur une petite télévision de son pays d'origine. Les responsables de TF1 ont alors l'idée d'utiliser ses dons polyvalents pour lancer leur nouveau programme phare. L'aventure de la Star Ac' débute. On connaît la suite !

Célèbre pour ses grandes phrases « philosophico-vandammiennes », Nikos Aliagas revendique le mot « frère » quand on lui parle de Grégory. Ce dernier le considérait ouvertement comme une sorte de jumeau. A quelques heures du show du 22 décembre 2004, celui du sacre et de la victoire, les deux amis partageaient un autre point commun : un énorme rhume. Retranchés dans la loge de l'animateur, au bord de l'épuisement, soumis au stress, ils trouvent alors les ressources nécessaires pour sourire et se détendre. Là encore, la suite est connue…

A la mort de Grégory en avril 2007, Nikos est l'un des premiers à réagir publiquement. Au bord des larmes, il parle rapidement sur TF1 d'un « garçon simple et généreux ». Lors des obsèques de son p'tit frangin, il raconte publiquement leur relation : « J'ai un peu l'impression de perdre quelqu'un de ma famille. La seule chose qu'il voulait, c'était vivre comme tout le monde en se faisant plaisir aussi. Et il a fait ce qu'il voulait ! » Voilà bien un ultime élément de rapprochement entre ces deux-là : une volonté farouche de suivre sa voie, sans trop s'arrêter aux qu'en dira-t-on et autres oiseaux de mauvais augure. La passion de la scène, du divertissement, la complicité avec le public étaient pour Grégory et sont pour Nikos des moteurs essentiels.

Dans une lettre bouleversante écrite au magazine *Télé Loisirs* en mai 2007, l'animateur salue une ultime fois son compagnon de route : « On est tous orphelins depuis ton départ. Tu voulais tellement vivre et ton corps t'en a empêché. Mais les anges ne meurent pas, ils s'envolent vers un monde plus lumineux, plus juste. Je n'oublierai jamais ce regard initié à la douleur, mais plein d'étoiles, de rêves et de lumières. Grégory, mon petit bonhomme avec des ailes aussi grandes que ton cœur. Un ange de passage, qui à sa façon a vaincu la mort avec des notes de musique, un sourire de vie et une dignité de grand monsieur. L'âme ne meurt jamais, bon voyage. »

Nikos sera bien évidemment au rendez-vous du 4 mai 2007, sur TF1, lors de l'émission spéciale en hommage à Greg. Sa peine est visible. Les larmes coulent sans retenue ou fausse pudeur. Sans voyeurisme non plus. C'est tout simplement la tristesse que l'on ressent au départ d'un proche.

Voir aussi **: « Star Academy ».**

▸ NRJ Music Awards

Chaque année depuis 2000, la célèbre radio musicale récompense, via les votes de ses auditeurs, les artistes qui ont marqué l'année. En 2006, Grégory Lemarchal est un des grands vainqueurs de la septième édition, retransmise depuis le Palais des festivals de Cannes, à l'occasion du MIDEM, le Marché international du disque. Fort du succès de son premier album, *Je deviens moi*, il repart avec le trophée de la « révélation francophone de l'année ».

Signalons en passant que trois autres ex-pensionnaires de la Star Academy ont eu les honneurs de ce grand show radio-télévisé : Jenifer en 2003, 2005 et 2008, Nolwenn Leroy en 2004 et Emma Daumas en 2005.

O

Olympia 2006

On peut trouver la manœuvre purement mercantile, elle fait pourtant partie des habitudes de l'industrie du disque. Qu'importe l'artiste et sa carrière : dès qu'il monte sur scène, il y a ce besoin impérieux de graver l'événement dans le marbre ou plus exactement dans le microsillon. Le résultat, ce sont ces live qui envahissent les rayons des disquaires. Témoignage éternel d'un moment éphémère. Et tant pis si ledit artiste n'a que quelques chansons à son répertoire : il s'agit bien de vendre le tout comme un vulgaire produit !

Pour Grégory, l'album live qui paraît en octobre 2006 a cependant une tout autre valeur que marchande. On en prend bien évidemment conscience aujourd'hui, après son départ. La ferveur de son public est palpable, même à travers le matériau froid du CD. Cette série de concerts, en mai et juin 2006, le mène sur les routes de France, de Belgique et de Suisse.

L'étape la plus symbolique, qui donne d'ailleurs son nom au disque, se déroule durant quatre soirs sur les planches mythiques de l'Olympia de Paris.

Le célèbre music-hall du boulevard des Italiens lui ouvre son rideau rouge, là où Piaf, Brel, les Beatles, les Rolling Stones, Johnny Hallyday et tellement d'autres sont passés avant lui. Grégory ne se lasse pas de passer devant la façade du bâtiment orné de son nom en lettres géantes d'un rouge flamboyant. Il demandera même à ses proches de les filmer ! Le soir venu, en coulisses, il doit apprendre à gérer son stress et s'amuse à faire le pitre pour détendre l'atmosphère en général et lui en particulier !

Mais au moment d'entrer en scène, il est seul face au trac. A peine un moment d'hésitation. Les musiciens sont prêts, les fans attendent, l'attendent. Il est temps d'y aller et de tout donner. « Une fois que j'ai mis le pied sur scène, normalement, grâce à l'amour du public et à l'amour que j'ai pour la chanson, ça trace », racontera-t-il sur TF1 en mai 2006.

Ça trace, en effet. Ça marche. Ça cartonne grave, comme disent les jeunes de son âge. Le répertoire de ses concerts reprend l'essentiel de *Je deviens moi*, son premier album studio, agrémenté de reprises minutieusement choisies. Elles ne doivent rien au hasard et prouvent que Greg avait envie d'évoluer dans une pop élégante et racée. On peut ainsi entendre « Nos fiançailles » de Nilda Fernandez et « Aussi libre que moi » de Calogero. Côté duo, Grégory a convié à la fête Lucie Silvas, une jeune chanteuse britannique dont l'album *Breathe* est alors très remarqué. Ils ont ensemble enregistré « Même si (What you're made of) », un vrai succès de radio et de ventes en prélude à la tournée du chanteur. « J'ai vraiment eu un coup de foudre artistique pour elle. On a tout de suite vu qu'avec nos deux voix, une belle complicité allait se créer », glissera-t-il en juin 2006. Le tandem est présent sur le live avec un autre cadeau : Nolwenn Leroy, qui vient pousser la chansonnette sur ce titre « Même si ». Preuve d'une amitié et d'un respect entre deux enfants de la télé.

A la mort de son camarade de Star Ac', Nolwenn dira d'ailleurs : « Côté scène, il y avait l'artiste en pleine lumière, avec cette énergie unique, ce charisme incroyable et cette voix inimitable. Côté coulisses, il y avait celui qui luttait, qui reprenait son souffle tant bien que mal. »

Le disque *Olympia 2006* ne connaîtra pas un énorme succès de vente, plafonnant aux alentours de la soixantième place des meilleures ventes pendant quelques semaines. Mais, encore une fois, l'important n'est pas là. Nous parlons ici de trace laissée au futur. On comprend encore mieux ce qui liait Grégory et son public en regardant ce DVD agrémenté de précieux documents : le film de la tournée ou les coulisses de l'Olympia.

***Voir aussi* : la partie « Discographie » à la fin de cet ouvrage.**

▸ Obsèques

C'est un moment déchirant, affreux, insupportable. C'est l'instant de l'adieu, celui où seul le souvenir tiendra désormais lieu de rendez-vous. Le 3 mai 2007, la cathédrale de Chambéry accueille un ange de plus. Le cercueil renfermant le corps de Grégory gît au milieu de la nef.

Point commun entre la foule des anonymes, les amis, les proches et la famille : cette peine qui se lit sur tous les visages, ces larmes qui leur coulent des yeux.

À l'extérieur, une montagne de roses blanches illumine quelque peu cette journée de deuil. Les fleurs préférées de Greg lui adressent un dernier salut de leurs pétales immaculés. Pierre et Laurence (les parents) avaient insisté pour que des dons en faveur de la lutte contre la mucoviscidose remplacent l'achat de fleurs, mais le symbole l'a emporté sur la raison. Et puis, après tout, la suite l'a prouvée, le temps de l'engagement viendra bien assez tôt. Tous ces gens sont là pour communier avec une jeune idole trop tôt envolée vers les cieux.

La cérémonie religieuse va commencer. Les célébrités se glissent dans les travées. On reconnaît Nikos Aliagas, Pascal Nègre, Marc Lavoine, Nolwenn Leroy, Chimène Badi ou Etienne Mougeotte, l'un des dirigeants de TF1. Les parents de Grégory et Karine sont au plus près de sa dépouille. L'assistance est sous le choc. Choc amplifié par la chanson choisie pour marquer le début de cet au revoir sans lendemain : « S.O.S d'un terrien en détresse ». Le titre, magnifié par Daniel Balavoine, tiré de la comédie musicale de Michel Berger *Starmania*, rappelle à tous que le destin de ces vedettes est toujours fragile : « Pourquoi je vis, pourquoi je meurs ? Pourquoi je ris, pourquoi je pleure ? J'ai jamais eu les pieds sur Terre, j'aimerais mieux être un oiseau… »

Vient alors le moment cruel et douloureux de dire les choses pour qu'elles ne soient pas tues à jamais. Leslie prend la parole en premier. Un message simple et beau. Un texte écrit par son frère et dont il n'a pas eu le temps de faire une chanson : « Tant qu'il te reste un rire vivant sur ton visage, tu pourras toujours écrire des milliers d'autres pages. Et si tu sens que le jour vient, que tu peux revivre demain, tu seras la seule étoile pour t'offrir une nouvelle histoire pour l'avenir. Il y aura nos mains, où que tu ailles, où que tu sois. On sera là. » Leslie termine dans un sanglot par un vibrant : « On se retrouvera un jour, mon frère, je t'aime à l'infini. »

Dans la cathédrale, beaucoup ont du mal à retenir leurs larmes. La plupart d'ailleurs les laissent couler, comme pour purger la douleur, le malheur.

Pierre Lemarchal se lève à son tour et gagne le pupitre sur l'autel. C'est un père brisé qui parle encore à son fils, à ce corps qui n'est déjà plus Grégory et dont il pourrait effleurer le bois du cercueil à quelques pas de lui. Un papa brisé qui a encore la force de se souvenir des derniers jours de son enfant : « Tu semblais nous dire : “Endormez-moi vite, je n'en peux plus et j'espère vous voir à mon réveil avec de nouveaux poumons. Si je ne devais plus me réveiller, dans ce cas dites bien à tous ces malades qui ont souvent puisé l'espoir en moi de ne pas le perdre et qu'ils se battent encore plus fort, avec beaucoup plus de force. Dites aussi à mes fans qu'une étoile supplémentaire continuera de briller pour eux. A ma famille, mes amis, que mon cœur est rempli de leur amour et, surtout, dites à mon petit ange que je l'aime. Enfin, faites le maximum pour sensibiliser et convaincre l'attention des gens bien portants sur la nécessité du don de soi, sur le nombre incroyable de vies que l'on pourrait sauver si la conscience de chacun le permettait. Je vais peut-être rejoindre une scène où je chanterai au milieu des anges. Dans ce cas, laissez-moi, n'ayez plus de peine. C'est drôle : je n'ai plus peur." »

Le recueillement de l'assistance est extrême. Le père Brunetti termine la célébration de la messe. C'est alors le long défilé de bénédiction autour du cercueil avant le dernier voyage vers le cimetière.

Quand le corps de Grégory sort sur le parvis de la cathédrale, les applaudissements l'accompagnent une toute dernière fois. Le convoi funéraire prend la direction de Sonnaz où va reposer le chanteur.

C'est dans la plus stricte intimité familiale que se déroule cet ultime salut. Le clan Lemarchal se retrouve autour de ce trou dans la terre qui va engloutir à jamais un garçon de 24 ans. On appelle cela une « concession »...

Concession à la mort : elle a gagné une manche, laissant Laurence, Pierre et Leslie hébétés de douleur. Mais cette courte victoire annonce d'autres défaites. Le vent qui se lève alors pour prolonger l'œuvre de Grégory est une bourrasque.

Sa tombe n'est pas devenue un lieu de pèlerinage. Elle est incroyablement fleurie, bien sûr. Par ses parents, par Karine, par les fans et par les gens du village.

Mais tout se passe dans le calme, le respect, la douceur. Comme si ce lieu de tristesse n'était en fait qu'un détail, une apparence. Comme si l'essentiel pour se souvenir de Greg était dans ses disques, dans son combat contre la maladie, dans cet amour qu'il a su donner et recevoir.

Dans la vie…

Voir aussi : « **Hommage** ».

▶ Ottin

« C'est mon ami et c'est mon frère. C'est mon frère et c'est mon ami… » Refrain d'une des chansons préférées de Pierre Lemarchal, signée Serge Lama. Elle colle en tout cas parfaitement à la relation qui existait entre Grégory et Olivier Ottin. Quel titre pourrait-on bien lui donner ? Manager, agent, collaborateur… Aucun ne convient réellement. S'il faut absolument qualifier les rapports entre ces deux-là, c'est du côté du lien familial qu'il faut chercher.

Quand ils se rencontrent, c'est d'abord pour des raisons professionnelles. Olivier travaille chez Mercury, la maison de disques de Greg. Il occupe le poste de « chef de projet », c'est-à-dire que c'est à lui que revient de régler tout le plan de carrière du jeune artiste : préparation d'un album, enregistrement, tournage de clips, photos, interviews... C'est durant la compétition de la Star Academy qu'il a repéré le talent et l'aura du futur chanteur : « Je suis vraiment tombé amoureux. C'est un bien grand mot, mais je trouvais que ce gamin avait un truc en plus et je voulais travailler avec lui », se souvient-il en janvier 2008 sur le site « Newdealcasting.com ».

Olivier Ottin accompagne donc au plus près les premiers pas de Grégory dans le métier et décide au bout de deux ans de ne plus faire que cela ! Il quitte Mercury-Universal pour prendre en charge à plein temps le management du jeune homme. « C'était une espèce de suite logique dans notre relation aussi professionnelle qu'amicale », dit-il.

Un travail, une présence de chaque instant, dans les bons comme dans les mauvais jours. Grégory était un jeune artiste respectueux, ouvert aux conseils, mais aussi doté de sérieuses convictions et d'un caractère bien trempé.

Exigeant et volontaire. Olivier Ottin confirme : « Alors bosser, ça c'est sûr ! C'est-à-dire que, quand il travaillait, j'avais quatre coups de fil par jour. Quand il ne travaillait pas, j'en avais vingt ! Il était en attente de bosser. Il préférait la régularité qui s'intégrait mieux dans le rythme de la maladie. »

La mucoviscidose justement. Elle plane sur la vie de Grégory et donc sur celle de sa garde rapprochée. Les activités du chanteur doivent tenir compte des soubresauts du mal, des crises, de la douleur. Oliver s'adapte et adapte l'emploi du temps de son poulain. Les premières prises de son du futur deuxième album doivent être organisées pendant de brefs moments de répit au printemps 2007. La course contre la montre est engagée : Olivier et Greg tiennent bon, mais la fin malheureusement est inéluctable.

Après la mort de l'artiste, le manager prend la plume et laisse parler le cœur de l'ami pour saluer sa mémoire. C'est l'hebdomadaire *TV Grandes Chaînes* qui publie cette lettre d'adieu : « J'étais ton pote et tu étais mon petit frère. J'avais remarqué que tu étais plus faible depuis quelques mois. Mais des périodes difficiles, tu en avais traversé plein. Et à chaque fois, tu reprenais le dessus. Alors je me suis dit que tu allais en baver, mais que tu t'en sortirais. Nous avons été nombreux à avoir pris ton décès comme un uppercut en pleine gueule, car tu as gagné un grand combat : celui de nous faire oublier que tu étais malade… J'essaie de tenir le coup : je sais que, si je craquais, tu serais capable de redescendre pour me foutre un coup de pied au cul ! Je t'aimerai toujours, petit frère… »

Tenir le coup.

Pour Olivier, il n'est pas possible, pas pensable d'arrêter comme ça. Tout logiquement, il décide de rejoindre l'association que sont en train de mettre sur pied les parents de Grégory et sa sœur. Il n'a pas hésité une seconde : « On se le doit. On le lui doit », dit-il en janvier 2008. « On ne sait même plus quand est-ce que l'association a été vraiment décidée. Ç'a été une espèce de prolongement logique dans nos vies à tous et on ne se voyait pas faire autrement. Moi, je suis tous les jours avec Greg : il est là quelque part, je ne sais pas où, mais il est là… Je continue… »

***Voir aussi* : « Association ».**

▸ Parents

Laurence et Pierre Lemarchal sont aujourd'hui célèbres malgré eux. Sans la disparition tragique et précipitée de leur fils, ils seraient restés des parents attentifs, mais discrets face au succès public et à la reconnaissance médiatique de leur enfant. Cela ne veut pas dire pour autant qu'ils manquent de personnalité : au contraire !

A la naissance de Grégory, Laurence est déléguée médicale. C'est une maman douce et aimante. Du fait de son métier, elle saura repérer les premiers signes inquiétants du développement de la mucoviscidose chez le petit garçon. Jusqu'au bout, elle sera à ses côtés, soignant sa douleur, calmant sa peur, apportant de précieux conseils jusqu'au plus important d'entre eux. C'est Laurence qui réussira à convaincre Grégory de tenter une greffe des poumons.

Pierre, lui, occupe beaucoup plus l'espace que son épouse. Ancien chasseur alpin, chargé des sports dans l'armée, c'est un athlète qui emmènera d'ailleurs l'équipe féminine locale de Challes-les-Eaux jusqu'au niveau national. Malgré les problèmes de santé de son fils, il ne baissera jamais les bras et l'initiera à la pratique sportive jusqu'à en faire un champion de rock acrobatique !

Monsieur Lemarchal est également féru de chanson française : les grands classiques, comme Brel, Brassens et surtout Serge Lama. La vocation de Grégory est sans doute à chercher dans ces berceuses d'un style plutôt inhabituel !

Bref, des parents heureux, une famille épanouie. Ceux qui l'ont côtoyée en témoignent encore. Laurence et Pierre Lemarchal puisent aujourd'hui ailleurs la force de tenir et de continuer à se battre. Ceux qui les voient évoluer aujourd'hui après le deuil le confirment.

Voir aussi **: « Association », « Laurence », « Pierre » et la partie « Webographie » à la fin de cet ouvrage.**

▸ Petit Prince

Chaque artiste a son surnom. Ils peuvent être affectueux, irrespectueux ou décalés. En ce qui concerne Grégory, le diminutif trouvé adopté par ses fans lui colle parfaitement à la peau : « le Petit Prince ». S'il te plaît, dessine-moi un destin, une carrière et une vie hors du commun…

Décomposons ce titre de noblesse. « Petit » n'est pas à prendre comme une critique d'un éventuel manque de dimension artistique. C'est au contraire la notion chaleureuse et familière d'une relation quasi familiale entre un chanteur et son public. On peut y lire l'idée de protection, de chaperonnage.

« Prince », ensuite, c'est appuyer sur une certaine noblesse du corps et de l'âme. Un prince, on l'imagine charmant et courageux. Grégory était les deux ! Normal que ses fans l'aient associé à l'imagerie traditionnelle des héros de contes de fées.

Il y a également la référence au personnage inventé par Saint-Exupéry. Ce roman-culte, connu de la terre entière, raconte les aventures d'un enfant, confronté à l'absurdité du monde des adultes. Naïf, curieux et poétique, il se forge une culture, une identité au fil de ses rencontres. Là encore, le parallèle est aisé avec le parcours de Grégory. Arrivé avec un regard neuf sur le monde du spectacle, il en a vite compris les rouages et les pièges pour en devenir un membre à part entière. « Petit Prince », certes, mais pas totalement déconnecté de la réalité. Dans une interview au magazine *Super* en octobre 2004, le futur vainqueur de la Star Ac' met les choses au point : « C'est vrai que, dans ma vie, j'ai toujours été un peu trop gentil. Ma naïveté m'a valu certaines claques dans la tronche ! Cela m'a permis de me forger un peu, même si je resterai tout le temps tel que je suis. Je reste généreux et ouvert, mais je dois être un peu plus vigilant. »

Durant les longs mois de compétition, derrière les murs du château (encore un clin d'œil au « Petit Prince » !), le jeune homme était d'ailleurs le seul à se voir attribuer un surnom aussi gratifiant. Ses camarades de promo étaient pour certains beaucoup moins bien lotis : « Robert Hue » pour Morgan, « Bozo » pour Radia, « Sandale » pour Sandy ou « Grincheux » pour Sébastien !

▶ Pierre

Ceux qui l'ont approché le décrivent comme un homme volontaire, dynamique et généreux. Pierre Lemarchal a lui aussi vécu comme un cataclysme la mort de son fils. Mais durant les émissions en hommage à Grégory, on l'a vu solide même quand il était au bord des larmes. C'est lui qui a tenu très tôt à poser les fondements de l'association qui porte le nom de son enfant défunt et dont la devise officielle est « pour que plus jamais la mucoviscidose ne nous arrache à ceux qu'on aime ».

Pierre est à l'origine des vocations majeures de la courte vie de Greg. Sportif, c'est lui qui l'initie à plusieurs disciplines et le poussera le moment venu à tenter d'obtenir le titre de champion de rock acrobatique. Artiste dans l'âme, c'est encore papa qui berce l'enfance de son fiston avec les refrains de ses chanteurs préférés. Aucun doute là encore : devenu lui-même semi-professionnel, il encourage la vocation de l'adolescent et ne tente rien pour le dissuader d'entrer à la Star Academy en 2004.

Pierre Lemarchal monte au front quand certains insinuent que Grégory ne serait pas un candidat traité comme les autres du fait de sa maladie : « C'est stupide. Les profs n'ont jamais fait de cadeau à Grégory. Bien sûr, les gens ont peut-être été attendris, mais j'ose espérer qu'ils ont aussi reconnu son talent de chanteur. Vous savez, si on prouvait à Grégory qu'il a gagné à cause de ses problèmes de santé, il serait capable de tout rendre et de rentrer chez lui ! » dira-t-il après la victoire finale de son fils.

Une fois lâché dans la jungle du showbiz, l'apprenti chanteur n'a pas pour autant oublié ses racines et son clan. Pierre restera jusqu'au bout extrêmement proche de lui, professionnellement parlant. « Mon père est mon manager. Il m'accompagne dans mes déplacements et je suis très heureux parce que les gens de ma maison de disques l'ont complètement accepté et l'apprécient. Il faut dire que mon père travaille très bien et sait se faire discret », confiera Greg.

Le jeune homme parti pour d'autres cieux, Pierre n'hésite pas à prendre une ultime fois la défense de son rejeton en rétorquant à ceux qui mettent en doute la sincérité ou l'utilité de l'album posthume, *La Voix d'un ange*, paru en juillet 2007 : « Cet album a été fabriqué avec des reprises, certes, mais avec des arrangements qui respectaient les idées de Greg. Cet album reflète sa vie », explique-t-il dans *VSD* en juin 2007.

Quelques semaines plus tôt, c'est le père brisé qui avait dû prendre la parole lors des obsèques de Grégory. Aucun de ceux qui étaient présents à la cathédrale de Chambéry n'a oublié l'adieu vibrant contenu dans les mots prononcés alors par Pierre Lemarchal..

Des mots à son image : simples et sincères. Les paroles d'un homme à qui est arrivée la catastrophe redoutée par tout parent. Une phrase suffit à résumer la douleur de cet homme, ses regrets à venir et son bonheur passé : « Privé de parole, nous n'oublierons jamais le dernier regard que tu nous a lancé avant de t'endormir définitivement. »

Voir aussi **: « Association », « Parents » et la partie « Webographie » à la fin de cet ouvrage.**

☆

Q

▸ Québec

Mais qu'allait donc faire Grégory de l'autre côté de l'Atlantique, au froid pays de nos cousins canadiens ? En novembre 2005, c'est à Montréal qu'est programmé le tournage du troisième clip tiré de l'album *Je deviens moi*. La chanson s'appelle « A corps perdu ».

Pour l'illustrer, la maison de disques a imaginé un scénario qui permet au jeune chanteur d'effectuer son second grand voyage après celui de l'île de la Réunion. Le souci, c'est que le climat nord-américain n'a rien à voir avec la douceur de l'océan Indien. Quand Greg et son équipe arrivent sur place, il fait 0°C, sous une pluie glacée qui tombe dru. Olivier Ottin, son manager et ami, se souvient de ces trois jours épiques de tournage : « L'anecdote qui est drôle, c'est qu'on était allés à Montréal et au Canada en se disant qu'on allait trouver un bel été indien, une belle lumière, le ciel bleu, une température correcte pour Greg ! » La réalité est donc tout autre, mais il faut faire avec : le temps presse. Chaque heure perdue peut coûter cher, dans tous les sens du terme !

Le professionnalisme du chanteur va bluffer tout le monde. Olivier Ottin raconte : « A un moment, il y avait une scène à tourner où il devait en même temps conduire une espèce de vieille voiture américaine avec une boîte automatique, jouer avec les quatre comédiens qui l'entouraient, regarder la caméra qui était sur sa gauche et chanter son play-back. Et dès la première prise, coupé. O.K., elle est dans la boîte ! »

Un moment de rush, de labeur et de gaîté qui ne fait pas oublier la maladie de Grégory. Si le voyage en avion s'est bien passé (avec, en secours et au cas où, des bouteilles à oxygène embarquées à bord) le séjour sur place doit lui aussi se plier aux contraintes médicales dues à l'état de santé du jeune homme.

Quand il apparaît qu'un tuyau manque à l'appel pour raccorder les appareils respiratoires auxquels Greg a parfois recours pour se soulager, son entourage fait un détour par un hôpital et constate combien son succès et son histoire ont traversé les continents : « J'y suis allé avec Pierre, et les médecins me disaient : "Vous êtes Greg ?" Je répondais que non, mais tout le monde était au courant, en fait. »

Que reste-t-il de cette escapade québécoise aujourd'hui ? Un clip vidéo bien entendu, une chanson aussi, sans doute celle qui a le moins marché dans la carrière de Grégory. Il y résumait pourtant ce qu'il était profondément par des mots simples et touchants : « Je veux écrire mon histoire, je ne veux pas être le pantin d'une histoire…»

▸ Rock acrobatique

1995. Grégory a 12 ans. L'âge où l'enfance laisse peu à peu sa place à l'adolescence. Le temps des premières amourettes, des copains et des passions ludiques. Le chant n'en fait pas encore partie. Le sport, si !

Greg a bien compris qu'il ne serait jamais un dieu des stades : ses capacités respiratoires l'empêcheront à jamais de devenir un Michael Jordan ou un Zinedine Zidane. Soit, mais ne comptez pas sur lui pour renoncer aussi facilement. Si l'endurance lui est interdite, rien ne l'oblige à renoncer aux efforts de courte durée.

Il va donc s'inscrire à l'école de rock acrobatique Mambo Rock de Chambéry-Barberaz. Là, il va apprendre les rudiments, puis la technique et enfin le haut niveau de cette discipline éminemment exigeante. Hasard de la géographie, c'est en région Rhône-Alpes qu'elle a vu le jour dans les années 1970, avant d'être reconnue au nouveau international au sein d'une confédération mondiale. Le rock acrobatique, c'est un métissage de plusieurs choses : une base musicale qui métisse le rock et le jazz, alliée à des danses anciennes comme le be-bop et le lindy-hop. Le principe est « simple » : pendant 1 minute 30 à 1 minute 45, un couple de danseurs enchaîne les figures chorégraphiques sur un rythme effréné, sans jamais perdre le contact physique ! Les jambes, les bras, les corps tout entiers virevoltent frénétiquement avec force jetés et lancés. Les spécialistes estiment que cette pratique demande une dépense d'énergie comparable à une course de 800 mètres en athlétisme.

Au vu de sa carrure, on pouvait douter des réelles capacités de Grégory en la matière ! Il va là encore surprendre tout son monde en gravissant un à un les échelons et parvenir aux championnats de France.

Il s'en est fallu de peu pour qu'il ne puisse pourtant pas participer à la fête. Une méchante tendinite à la cheville à quelques semaines de la compétition l'oblige à marcher avec des béquilles et lui impose un repos quasi total. Le garçon ronge son frein, tente de tempérer son impatience, mais sa nature est plus forte que sa raison : après avoir observé une pause ad minimum, Greg reprend l'entraînement et maintient son inscription pour le grand jour.

Et nous y voici. Le moment de la finale. Vêtu d'un très saillant costume blanc à dorures, le danseur, accompagné de sa partenaire, fait son entrée sur la piste, face au jury. Moins de deux minutes et des dizaines de pas et de sauts plus tard, le couple est sacré sous les vivats du public !

Grégory, radieux et comblé, ramène à la maison la coupe symbolisant sa double victoire : sur sa maladie et sur le sort. Son père résumera le sentiment général de la famille Lemarchal : « Il se créait toujours ses objectifs et il se donnait toujours à fond pour les atteindre. Rien que pour ça, j'ai été fier de mon fils. »

***Voir aussi* : « Sport ».**

▸ Star Academy

« Je veux dédier cette victoire à Grégory. » Ces mots datent du 15 février dernier. Ce soir-là, sur le plateau de la septième édition de la Star Academy, Quentin vient de l'emporter sur Matthieu en finale. Immédiatement, d'une phrase sans doute mûrement réfléchie, il tient à associer son illustre prédécesseur à son triomphe. Comme lui, il entre au palmarès de la plus grosse émission de variétés en France.

Le concept de ce show est né du cerveau fertile de deux hommes, créateurs de la société de production de programmes télévisé Endemol. Joop Van den End et John de Mol se sont associés aux Pays-Bas pour créer une entreprise depuis devenue un des leaders mondiaux de ce qu'on appelle la téléréalité. Le principe de leurs émissions est toujours bâti sur le même moule et repose sur les mêmes principes :

1. Placer dans un lieu clos pour un temps donné un groupe de personnes qui ne se connaissaient pas avant.
2. Les soumettre à des épreuves diverses et variées.
3. Organiser une compétition en faisant si possible voter le public.
4. Évidemment, le tout est filmé, généralement 24 heures sur 24 !

Voyeurisme, curiosité, matière sociologique ou anthropologique… Ne cherchons pas de prétexte : nous avons tous un jour ou l'autre jeté un œil sur ce genre d'émissions !

En France, c'est M6 qui a dégainé en premier avec le phénomène *Loft Story* en 2000. Les aventures de Loana, Jean Edouard, Steevie et les autres ayant défrayé la chronique, TF1 se devait de riposter, après avoir pourtant juré ses grands dieux que ce style de déballage impudique de la nature humaine ne faisait pas partie de sa culture.

En 2001 apparaît donc sur les écrans de la Une une nouvelle émission. Un concours de jeunes talents qui reprend les principes du Loft : pendant quatre mois, une vingtaine de jeunes gens vont être isolés dans un château. Ils suivront des cours de chant, de danse, de théâtre ou de sport. Chaque semaine, les spectateurs décideront lequel a été le moins performant et l'élimineront parmi trois nominés. A la fin, le vainqueur signera un contrat avec une grande maison de disques, gagnera le droit d'enregistrer un album, fera une tournée avec les autres meilleurs élèves et empochera un million d'euros. Tous les lauréats ont reconnu la puissance de frappe de ce radio-crochet des temps modernes. Grégory le premier, en mars 2007, dans *Télé Loisirs* : « Si je suis devant vous aujourd'hui, c'est grâce à la Star Ac'. Je n'ai pas honte de le dire. Ça restera pour moi une aventure exceptionnelle. Mais les étiquettes existent à la télé et elles sont dures à décoller. Il faut laisser passer et faire ses preuves. »

Diffusé chaque fin de semaine en prime time, présenté par Nikos Aliagas, le show connaît d'emblée un gros succès. Chaque jour, une miniquotidienne relate les petits et grands événements de la compétition. Une chaîne parallèle est même lancée pour ceux qui souhaitent ne rien perdre de l'événement !

Jenifer sera la première à sortir couronnée de l'émission. Nolwenn Leroy suivra, puis Elodie Frégé.

En 2004, ils sont 18 à tenter de succéder à leurs illustres aînées. Passons-les en revue. Ce n'est pas inutile, car c'est aussi la leçon de la Star Academy, comme des programmes basés sur ce style de règles : le temps avale et digère très vite les apprenties vedettes. Malheur aux perdants. Si le public a de l'amour à revendre, il est versatile et sa mémoire est fugace.

Hormis Grégory Lemarchal, vous souvenez-vous encore de ceux et celles qui foulaient le hall du domaine de Damary-les-Lys le 3 septembre 2004 ?

Il y avait Lucie Bernardoni, 17 ans, la benjamine de la promo. Un caractère bien trempé, résultat de ses origines italo-françaises. Racines musicales aussi puisque son père est un ancien batteur. Elle compose, écrit ses textes. Lucie ira jusqu'à la finale. Battue, elle enregistrera sans réel succès un single pour Sony sous le nom de Lucie Doni : « Je suis mes pas ».

Sandy François, la fille de Jean-Pierre François, ancien footballeur professionnel et ex-météore du Top 50 dans les années 1980 avec son unique tube : « Je te survivrai ».

Francesca Antoniotti, présentée comme une séductrice redoutable. Recalée au casting de la Star Ac' 3 et de la Nouvelle Star, elle fera finalement peu d'étincelles. On l'a revue cette année, lors de la finale entre Quentin et Matthieu, tendre son micro à la foule des admirateurs du second !

Hoda Nekra, ancienne boulangère qui entend se sortir du pétrin en perçant dans le métier. Elle parcourt toujours les routes du pays, enchaînant les galas. Hoda était une des meilleures amies de Grégory. C'est une jeune maman depuis le mois de janvier 2007.

Tina Gardinier, virtuose du saxophone et la petite chérie de son papa. C'est lui qui l'a encouragée à se présenter au casting.

Emilie Ducrot, venue de la Réunion, est comme Grégory déjà une semi-pro, membre d'une troupe, habituée à la scène.

Virginie Joal est elle aussi passée par ce biais pour tenter de réussir. Elle a une autre particularité, celle d'avoir été recalée des auditions des trois précédentes éditions ! Repêchée de dernière minute, elle disparaît vite de l'émission.

Radia Bensarsa, douée pour les études, musicienne

de talent éduquée au Conservatoire, baignée dans son enfance par le violon ou la mandoline de sa famille algérienne.

Karima Charni, originaire, elle, de Tunisie, passionnée par l'audiovisuel et la musique. Les deux semblent bien l'avoir oubliée.

Le sort des garçons participants est (pour la majeure partie) tout aussi terrible.

Fabien Parmentier, surnommé Harlem, vient défendre son style d'expression et de musique : le rap. Il a un groupe et a déjà fait paraître un album. Il deviendra avec le temps très proche de Grégory. Il enregistrera une chanson d'adieu, « Les fleurs de l'éternité », qu'il interprète avec Hoda en direct sur TF1 le 28 décembre 2007 lors de l'émission en hommage au chanteur disparu. Un titre que les fans de Grégory ne cessent de réclamer à Universal en CD single : « Sous l'amour que tu as semé, poussent les fleurs de l'éternité. Les hommes s'en vont et viennent sans vraies raisons, mais toi, tu n'es pas venu pour rien, passant ton temps à chérir les autres. Aujourd'hui tu es toujours parmi nous. »

Sofiane Tadjine-Lambert avait lui aussi noué des liens quasi fraternels avec Grégory. Le play-boy musclé de la bande ne connaissait rien de ce monde du divertissement, si ce n'est un passage par le Club Med. Après la Star Ac', il sera pour Disney la voix française du générique du téléfilm *High School Musical*, faisant de la chanson « Briser mes chaînes » un joli succès.

Mathieu Lepresle, proche de Thomas Fersen ou Gérald de Palmas dont il avait auparavant assuré les premières parties, entendait apporter son univers musical dans l'émission.

Enrique Toyos, ancien membre de la troupe de la comédie musicale de Gérard Louvin, *Belles, belles, belles*, le trublion du groupe.

Tout à l'opposé, il y a aussi Gauthier Roubichou, la grosse tête : parlant couramment l'anglais et le chinois, jouant de la batterie, pratiquant le théâtre.

Sébastien Degut, chanteur guitariste et sportif, présent au générique suite à un pari entre amis.

John Benamou, plus doué pour les claquettes que pour les autres disciplines enseignées par les profs.

Et enfin Morgan Auger, jeune coiffeur amoureux de la danse.

Bref, un parterre plutôt hétéroclite de garçons et filles tout juste sortis de l'adolescence. Bien des choses les séparent, une les rapproche : la volonté de faire ce métier d'artiste et d'entrer à leur tour sous les projecteurs. C'est la force et la faiblesse de la Star Academy : si elle permet à chacun de sortir du lot et de gagner sa chance, elle donne aussi à de parfaits inconnus l'illusion que le talent s'apprend et que les choses sont faciles. En 2005, sur le site « chartsinfrance.net », Grégory lui-même reconnaissait sa chance et les limites de l'exercice : « Je resigne tout de suite… même si les six mois qui suivent la sortie du château sont difficiles. »

Ainsi, c'est un jeune homme fragile, mais à la voix puissante et à la volonté de fer qui triomphe un soir de décembre 2004. L'avenir est à lui, à condition qu'il se donne les moyens de ses ambitions. A condition aussi que sa maladie lui laisse le temps d'achever ses rêves. Durant les mois qui ont précédé, dans l'enceinte ultra-protégée du château, on n'en parlait pas. Les soins particuliers rappelaient parfois aux autres que Greg avait une spécificité, mais sans plus. Aucune faveur, aucun passe-droit pour autant. Dehors, ça n'a pas été pareil. Certains ont glosé sur la présence d'un jeune homme atteint de mucoviscidose dans un tel show.

Ce ne sont ni Grégory, ni ses parents, ni même TF1 qui ont mis fin aux rumeurs et ragots. C'est le mieux placé qui a prononcé les mots définitifs sur la question.

Le docteur Jean-Pierre Gout, spécialiste des maladies respiratoires, médecin de l'artiste, s'exprimait en janvier 2005 dans le quotidien *Le Dauphiné libéré* : « Il est devenu adulte d'un seul coup dans cette aventure. Petit, ce qui m'impressionnait chez lui, ce n'était pas forcément son caractère de battant, mais plus sa réflexion, son identité propre. Ce côté lutteur, de dépassement de soi, c'est sans doute une découverte pour lui et un peu pour ses parents. Avec sa maladie, je ne pensais pas qu'il puisse se hisser à un tel niveau de compétition, car au château, apparemment, le rythme est dur. J'avais peur qu'il passe pour le "muco-chantant", que les gens s'apitoient sur son sort. Mais il a su s'imposer par son image positive. Aujourd'hui, que beaucoup d'enfants malades de la mucoviscidose et même d'autres pathologies s'identifient à lui, c'est, j'en suis convaincu, totalement positif. »

▸ Sport

C'était presque un fait acquis. Cela allait de soi… Grégory avait beau être génétiquement diminué par la mucoviscidose, il n'était pas question de le traiter comme un handicapé. Il aurait une enfance et une adolescence normales. Dont acte !

Pierre Lemarchal prend cette mission à cœur et à corps. Au fil des années, il va aider son fils à se forger un physique irréprochable. Pas une musculature d'athlète, mais de quoi avoir les ressources de résister plus que d'autres aux attaques sournoises des microbes. Pour vous et moi, un rhume, une bronchite, voire une grippe sont supportables. Pour quelqu'un dont tout l'appareil respiratoire recèle une fragilité chronique, ce peut être grave, mortel au pire…

Grégory travaille dur pour atteindre le niveau qu'il juge acceptable dans la pratique des sports qui lui plaisent. C'est d'abord le football. Fan de l'Olympique de Marseille, il collectionne les écharpes et autres colifichets blancs et bleus, aux couleurs de l'OM. L'adolescent suit avec passion l'évolution de son équipe favorite au sein du championnat de France. D'ailleurs, durant la Star Academy, l'un des plus beaux moments de la vie hors plateau de télévision aura été cette invitation à venir voir le match Marseille/Paris Saint-Germain, amenée en mains propres par le gardien phocéen Fabien Barthez. Grégory était aux anges : face à l'un de ses joueurs préférés, le portier des Bleus et de l'OM !

Mais puisque son père entraîne une équipe féminine de basket de haut rang, Greg quitte les crampons pour les parquets. Tant pis si le souffle est parfois un peu court, il s'accroche, s'astreint à de longs décrassages, récupère au mieux, boit beaucoup d'eau, travaille sa respiration.

A l'époque, sa vocation est toute tracée : il veut être journaliste sportif ! Pierre se souvient : « Il disait souvent que, s'il n'avait pas été malade, il aurait été sportif. C'était un passionné, capable de reconnaître les coureurs du Tour de France en échappée lors des prises de vues aériennes ou de mettre un nom sur n'importe quelle basketteuse ! »

Que dire de cette force qui s'empare de lui, le fait s'inscrire à un cours de rock acrobatique pour décrocher, après quelques mois de pratique seulement, un titre de champion de France en 1995 ?

Hasards du destin, c'est le ballon rond qui va mettre le jeune homme sur la voie de la chanson. Le 12 juillet 1998, alors que l'équipe de France de football s'apprête à disputer sa finale légendaire face au Brésil, Grégory accepte le pari de son père : si les Bleus l'emportent, il monte sur la scène d'un karaoké de campagne et chante devant la foule… La suite est connue !

***Voir aussi* : « Mucoviscidose », « Pierre », « Rock Acrobatique » et « Zidane ».**

▸ Sardou

Les parrains de la Star Academy ne se sont pas tous investis de la même façon. Certains sont juste venus pour se faire un peu de notoriété supplémentaire, sans vraiment prendre garde aux élèves qu'ils étaient censés chaperonner. D'autres au contraire ont passé du temps à les regarder évoluer, apprendre. Michel Sardou fait partie de cette seconde catégorie.

Sardou, c'est l'un des chanteurs les plus populaires de l'histoire de la variété française. Il est, avec Johnny Hallyday, le dernier survivant de l'âge d'or des années 1970, capable aujourd'hui comme hier de vendre des centaines de milliers d'albums et de remplir les salles de spectacle.

En 2004, l'interprète de « La maladie d'amour », « Petit », « Les lacs du Connemara » ou « Musulmanes » accepte de donner sa caution à la nouvelle promotion. Ce contrat moral et artistique passe par une présence sur plusieurs des primes de l'émission. Sardou est là dès la première, à la fin de l'été.

La production a choisi de confier à Grégory l'interprétation d'un des grands tubes du chanteur, « En chantant ». L'élève s'en tire bien, sous les yeux du « maître » qui le félicite chaudement, mais commet une petite erreur dans les paroles, confondant la rime « mes leçons » avec « mes chaussons » ! Catastrophé, Greg rejoint les coulisses, persuadé d'avoir d'entrée commis l'irréparable !

Il n'en sera rien évidemment. Michel Sardou, les jurés et le public ont avant tout été bluffés par sa puissance vocal et son charisme. « Il était peut-être sous le coup du commentaire élogieux que venait de lui faire Michel Sardou. En se plantant, je suis sûr qu'il s'est dit : mon père ne va pas me louper au téléphone ! » se rappelle Pierre Lemarchal sur le site Internet comlive.net.

Preuve supplémentaire que l'incident a plus marqué l'esprit traqueur de Grégory que la star : en pleine compétition, Sardou décide de réserver une belle surprise au pensionnaire de Damary-les-Lys. Il faut imaginer le concurrent enlevé au cocon laborieux, quittant la propriété les yeux bandés, en route vers Paris.

En cet automne 2004, le véhicule s'arrête au cœur de la capitale, boulevard des Capucines. Nous sommes, ou plutôt Grégory est à l'Olympia, dans les coulisses du spectacle de son parrain de télévision ! Michel Sardou lui annonce une incroyable, un formidable cadeau duquel rêveraient bien des professionnels confirmés : il va chanter ici, le soir même, en duo !

Dans moins de deux ans, Grégory aura son propre récital sur ces planches mythiques, mais il n'en sait rien, sa route est alors bien loin d'être tracée… En vieux baroudeur des lieux, Michel Sardou lui fait découvrir l'Olympia, admirer la salle aux fauteuils rouges pour laquelle tant d'artistes ont donné tout leur talent.

Rendez-vous est pris pour dans quelques heures, face à un public exigeant, venu voir son idole et pas forcément ce « petit jeune » de la télé !

A l'heure dite, Grégory frissonnant de trouille attend en coulisses le top du régisseur pour monter rejoindre son glorieux aîné.

Les premières notes de « En chantant » résonnent. Le public frappe déjà dans ses mains. Les téléspectateurs de la *Star Academy* suivent l'événement en direct. Le voici aux côtés de Michel Sardou. Le duo s'installe, comme deux partenaires qui se connaissent déjà et se découvrent à nouveau. L'exercice est plus que réussi, l'essai grandeur nature plus que satisfaisant. Grégory est raccompagné par son hôte prestigieux avec des mots chaleureux : « Salut, mon lapin, et bonne chance pour la suite… »

Cela n'a duré que quelques minutes. Une éternité, le temps d'un rêve éveillé.

« C'était la première fois que j'étais autant pris par l'émotion, le stress, et tout cela fait que, même si je connaissais mes paroles par cœur, pour me rassurer, je regardais le prompteur ! » dira Greg sur TF1 juste après ce moment unique.

Déjà, il faut revenir à la réalité. La course reprend. La compétition aussi. Un dernier regard par la vitre arrière sur cette façade qui s'éloigne dans la nuit. Les lettres sanguines deviennent floues, à moins que ce ne soient des larmes de bonheur. Il reviendra ici. Il le sait, il le sent… Et, qui sait, Michel Sardou sera peut-être dans la salle ce jour-là !

▸ SMS

Comme tous les jeunes gens de son temps, Grégory était un habitué des nouvelles technologies. L'utilisation du téléphone portable est vite devenue pour cette génération une sorte de seconde nature. Rapide, accessible partout et à tout moment, le SMS est un langage à part entière. C'est aussi et surtout un moyen de nouer de nouveaux contacts et d'entretenir les liens.

Dans la vie de Greg, le texto occupe une place particulière : il lui doit sa première rencontre avec Karine Ferri. C'est en effet en se parlant d'abord à distance que les deux tourtereaux ont eu envie d'aller un peu plus loin !

Mais c'est évidemment à la fin de sa vie que Grégory a utilisé l'écrit pour remplacer une parole défaillante. En mars 2007, hospitalisé sur son lit de souffrance, il multiplie les messages à ses proches ou à ses amis. Gérard Louvin, qui s'est inquiété de son état de santé, reçoit cette réponse : « T'inquiète pas, je m'accroche. » Olivier Ottin peut quant à lui lire ceci : « Je t'aime, grand frère… »

Un peu plus tôt, le manager avait échangé avec son ami des impressions sur les ventes impressionnantes d'albums de Christophe Willem, le vainqueur de la « Nouvelle Star ». « Je suis content pour lui », écrivait simplement Grégory. Hélène Ségara aura elle aussi droit à son petit bout de phrase, une promesse d'au revoir…

Une frénésie qui avait valu au jeune homme le surnom affectueux de « Mister Texto » !

▸ *S.O.S d'un terrien en détresse*

S'il y a un titre qui colle bien à la première partie de la carrière de Grégory Lemarchal, c'est bien cette chanson. Son interprétation lors de la Star Academy est encore dans toutes les mémoires. Il faut dire que le texte semble lui coller à la peau et les paroles raconter un peu de sa vie.

Comment en effet ne pas voir un parallèle entre les paroles suivantes et le quotidien de Greg dans l'enceinte du château, stressé par la compétition, ayant envie de se distinguer du lot : « Au grand loto de l'univers, j'ai pas tiré le bon numéro. J'suis mal dans ma peau, j'ai pas envie d'être un robot » ?

Comment ne pas associer ces mots à sa souffrance, à sa maladie : « Pourquoi je vis, pourquoi je meurs ? Pourquoi je ris, pourquoi je pleure ? Voici le S.O.S. d'un terrien en détresse » ?

Comment ne pas être ému face à ces phrases qui aujourd'hui, sans lui, sonnent comme un pressentiment : « Je crois capter des ondes, venues d'un autre monde. J'ai jamais eu les pieds sur Terre, j'aimerais mieux être un oiseau… » ?

Grégory interprète à chaque fois ce titre comme on livre une bataille, comme on ouvre son cœur. La musicalité de la chanson nécessite une puissance vocale qu'il lui faut conjuguer à la sensibilité extrême de ce qu'elle révèle. On parle là de désespoir et de rêve d'absolu, de liberté. Grégory doit aller puiser au plus profond de ses émotions, mais aussi de ses ressources physiques.

A chaque fois qu'il chantera « S.O.S… », ses camarades de promotion assisteront au même rituel : il s'isole, se concentre, multiplie les exercices respiratoires avant d'oser se lancer. Parfois, les crises de toux s'intensifient, comme si son corps refusait l'épreuve, comme un cheval refuse parfois l'obstacle parce qu'il sait qu'il va lui falloir aller bien plus loin que d'habitude pour passer un cap. Difficulté supplémentaire, la chanson fait partie du répertoire de Daniel Balavoine, un des artistes préférés de Grégory !

A l'origine, il s'agit d'un extrait de la comédie musicale *Starmania ou la passion de Johnny Rockfort selon les évangiles*, créée par le duo Michel Berger-Luc Plamondon en 1978. Un disque très novateur à l'époque, visionnaire même si l'on regarde de plus près les thèmes abordés : l'importance du business, la violence des banlieues, l'homosexualité ou encore la solitude dans les grandes villes.

Un premier spectacle est monté en 1979 sur la scène du Palais des congrès de Paris avec dans les rôles principaux Diane Dufresne, France Gall, Fabienne Thibeault et Daniel Balavoine. La comédie musicale étant à l'époque en France une curiosité, le show n'obtient pas un succès colossal.

Il faudra attendre 1988 et une nouvelle version pour que le public plébiscite cette œuvre importante et intéressante à bien des égards. La réputation de *Starmania* s'étend même au-delà de nos frontières, puisqu'un album en anglais est enregistré en 1992 avec les voix prestigieuses de Céline Dion, Cyndi Lauper, Willy DeVille et Peter Kingsbery. L'ancien chanteur du groupe Cock Robin fera d'ailleurs un tube mondial de la chanson « Only the Very Best », adaptation par Tim Rice de « S.O.S d'un terrien en détresse ».

Starmania n'a jamais cessé d'être jouée à travers le monde. C'est, avec *Les Misérables*, un des rares spectacles musicaux français à pouvoir ainsi voyager loin de nos frontières, tant ses thèmes sont universels. En 2009, elle devrait connaître une nouvelle jeunesse et une distribution inédite chez nous.

« S.O.S d'un terrien en détresse » est à ce point associé au destin de Grégory qu'on croise le titre à maintes reprises durant sa courte carrière. Lors de l'émission de TF1 bien sûr, mais aussi sur la face B du premier single « Ecris l'histoire », dans les titres retenus pour l'album *Je deviens moi* et dans ceux de *La Voix d'un ange*.

C'est également la chanson de l'adieu à l'enfant, au frère, au compagnon. Celle du salut final à l'artiste. Un air familier qui résonne le 3 mai 2007 dans la cathédrale de Chambéry et qui dit : « J'ai des envies de métamorphoses. Je sens quelque chose qui m'attire, qui m'attire vers le haut… »

▸ Savoie

La nature, l'air pur, des verts pâturages, des sommets enneigés, des amis, une famille… La Savoie était un des éléments fondateurs de la personnalité de Grégory Lemarchal. Il aimait s'y ressourcer, y retrouver ses racines et ses proches.

Durant la Star Academy, un court séjour à la maison lui avait fait beaucoup de bien, tout en lui faisant prendre conscience du phénomène qui était en train de naître autour de sa personne. Malgré le succès, les concerts, les honneurs et l'éloignement qui va avec, Greg a toujours tenu à parler de sa région, revendiquant haut et fort son statut de provincial de cœur. Répondant à une question sur son retour programmé à Sonnaz, il déclarait : « Mes parents sont mes racines et après le tourbillon médiatique que j'ai vécu, je devais y retourner : c'était vital ! » Un attachement éminemment réciproque. Il faut se souvenir qu'à la sortie du premier disque de Grégory, *Ecris l'histoire*, les grandes surfaces et les disquaires savoyards avaient mis en place une véritable offensive marketing pour que tout le monde sache bien que l'enfant du pays avait un single sur le marché. Impossible de passer à côté !

C'est bien entendu sur ses terres savoyardes que repose Grégory. Le petit cimetière de Sonnaz abrite la tombe discrète du chanteur. On n'y assiste jamais à aucune scène d'hystérie. Pas une journée pourtant sans que des fans viennent se recueillir sur place, apportant fleurs, petits mots ou peluches.

Voir aussi **: « Tronche (la) ».**

▸ *Temps en temps (De)*

Le premier single extrait de l'album posthume de Grégory vous saisit le cœur dès la première écoute. Les paroles, qu'il a tenu à écrire lui-même, racontent le combat d'un homme pour sa vie, pour son amour, au mépris de ce qui le menace. « De temps en temps, je craque sous le poids de l'espérance, je vais parfois à contresens… De temps en temps, je plie sous le poids du sort et des souffrances collées au corps. »

Pour tout un chacun, ça peut être un rival, l'éloignement, la jalousie, les autres… Pour lui, c'est la maladie. A chaque instant, la mucoviscidose plane sur son destin telle une ombre shakespearienne. L'histoire se terminera d'ailleurs en tragédie. Chanson d'amour, de résistance et d'espoir, « De temps en temps » est dédiée à Karine Ferri, la compagne du chanteur. « De temps en temps, je pense à tort que pas de larmes, c'est être fort. Au fond, ce que j'attends, c'est voir le bout de nos efforts, que l'amour soit là encore. »

Un ultime cadeau dont la jeune femme aime à se rappeler la force dans *Gala* en juillet 2007 : « Il écrit : "Je me relève sous ton regard." A mon tour de me relever sous le sien. Tant que je suis dans l'action, j'arrive à mettre de côté cette douleur sans nom, tellement elle fait mal. » Un testament sonore qui concerne Karine et qui émeut le grand public.

Le titre sera l'un des plus diffusés sur les radios durant l'été 2007, atteignant la première place des ventes de singles dès le mois de juin et lançant la carrière de l'album *La Voix d'un ange.* A noter, fait rare dans ce métier, que l'auteur de la musique du titre (l'Italien Davide Esposito) a fait don intégralement de ses droits sur cette chanson au profit de l'Association Grégory Lemarchal.

***Voir aussi* : « Cassar », « Esposito », « Karine », « *Voix d'un ange (la)* » et la partie « Discographie » à la fin de cet ouvrage.**

▸ Tessiture

On a beaucoup parlé des capacités vocales de ce jeune chanteur. Elles ont séduit le public et étonné les professionnels. Atteint de la mucoviscidose, Grégory ne pouvait jouer et compter sur son souffle comme le font la plupart des artistes « à voix ».

Lui, c'est de ses cordes vocales qu'il fait surgir la puissance de son timbre. C'est de sa gorge que sort ce filet qui se transforme en torrent. Cela implique évidemment du repos, des soins fréquents et une discipline de vie parfois éprouvante. Un sacrifice que Grégory justifie par la réussite de ses efforts. L'étonnement qui en résulte auprès des anonymes l'amuserait presque : « Je me bats pour ne pas donner de moi l'image de quelqu'un de malade. Quant au souffle, même mes médecins ne comprennent pas ! » dira-t-il en septembre 2004.

Le travail de sa voix, associé à celui, indispensable, de son corps, produit aussi des effets sur d'autres malades de la « muco ».

Greg témoignera du fait que son cas particulier est devenu une sorte de modèle, un espoir supplémentaire : « Ma plus grande fierté, c'est de recevoir des lettres de parents d'enfants souffrant de la mucoviscidose qui me disent que, grâce à moi et au fait que je mette la priorité absolue sur mes soins et que je n'arrête pas de répéter à quel point c'est important, leurs enfants se prennent maintenant en charge et ne font plus la tête quand vient l'heure de leur kiné respiratoire. »

Voir aussi : « **Mucoviscidose** ».

▸ Tournées

Que vaudrait un artiste sans le passage sur scène ? Les plus grands de nos chanteurs ont surtout bâti leur réputation dans un face à face avec le public. Un moment sans filet, attendu et redouté à la fois. Johnny Hallyday, Michel Sardou, Eddy Mitchell, Téléphone, Patrick Bruel, Pascal Obispo et tant d'autres ont construit leur renommée en concert. Généralement, comme dit l'adage populaire : « Ça passe ou ça casse ! »

Pour Grégory Lemarchal, un album devait obligatoirement se défendre à l'occasion d'une tournée. C'était pour lui la seule façon significative de constater l'effet de sa musique et de ses textes sur ses fans. Il en est, c'est vrai, de ces créatures artificielles, presque virtuelles qui ne subsistent que par CD ou clips interposés. Leur longévité est généralement éphémère, car le public ne peut être dupe bien longtemps !

Il lui faut du concret, du vrai, du sincère. Greg, c'était tout cela à la fois. Une demande de sensation forte au moins équivalente à celle de ses fans. « Il m'est arrivé de me lever aphone, mal en point le matin et de me dire que je ne pourrais pas monter sur scène le soir. Et puis, j'arrive dans la salle et il se passe quelque chose en moi. Ce qui me fait tenir debout, c'est la passion », disait-il en mars 2007. Il est vrai que le jeune chanteur venait, l'année précédente, de vivre une tournée exceptionnelle.

Décidé à porter l'album *Je deviens moi* sur les routes de France et d'Europe, Grégory s'était lancé dans un véritable marathon de son, de lumières, de rencontres mais aussi de fatigue. Le disque *Olympia 2006* et le DVD qui l'a accompagné prouvent l'échange spontané entre l'artiste et ses admirateurs. Chanter en live était pour lui à la fois un besoin et une envie. Peu importait alors le contexte, fût-il médical ! Il racontait : « Pendant ma tournée, j'ai été opéré de l'appendicite.

Dès le lendemain, je parlais de remonter sur scène : ça a bien fait rire les médecins ! J'ai pu honorer les trois dernières dates et ce sont celles où j'ai pris le plus de plaisir ! » Olivier Ottin, manager et ami de Greg, a quant à lui un autre avis sur la question : « Il n'aurait jamais dû remonter sur scène et il est revenu faire les trois derniers concerts, car ça lui tenait à cœur. Une volonté de fer ! » dit-il sur le site Web « newdealcasting.com ».

Ceux qui l'ont approché dans ces moments-là témoignent tous de l'incroyable force de vivre qu'il pouvait en tirer, un peu comme une plante qui se régénère aux rayons du soleil ou à la rosée du matin. Olivier Ottin, encore : « L'Olympia a été un moment fort, parce que c'était une salle mythique pour lui, parce que c'était Paris. Quand il a vu son nom inscrit sur la devanture, il n'en revenait pas. »

Grégory avait d'ailleurs mis un soin tout particulier dans la préparation de cette série de spectacles. Il ne voulait pas décevoir. Il souhaitait marquer les esprits. Il désirait sans doute prouver que son aventure n'était pas un accident de parcours, un hasard, un caprice de téléréalité. « Je veux un spectacle à la fois dynamique et intimiste. Beaucoup de jeux de lumière sur les chansons qui bougent et une poursuite intimiste sur le piano quand je chanterai les ballades. Je mets également un point d'honneur aux musiciens : je les souhaite très bons ! Je sais qu'on m'attend au tournant avec ces concerts et je ne veux pas louper le coche », déclarait-il durant l'hiver 2006, juste avant de prendre la route. Puisqu'on évoque ceux qui ont eu l'honneur d'accompagner Grégory en concert, citons leurs noms : Olivier

Brossard à la basse, Olivier Marly et Eric Lafond aux guitares, David Salkin à la batterie et Fred Renaudin au piano.

Soir après soir, malgré le trac, la fatigue, la santé toujours aussi fragile, le jeune homme s'avance seul dans le halo des projecteurs.

Partout, les salles affichent complet. Un public familial, heureux de cette communion avec « l'ange » de la chanson française. L'artiste insistait beaucoup sur le respect de ces gens, majoritairement issus comme lui d'un milieu populaire, qui dépensaient parfois une petite fortune et faisaient des kilomètres pour le voir.

Ce qui le mettait en colère, c'était que l'on puisse douter de la motivation de cette masse compacte, rieuse, heureuse, parfois en transe. Ainsi, à une question du magazine *TV Envie* sur sa soi-disant réputation de chanteur séducteur, il répliquait ceci en avril 2005 : « Ça me gênerait qu'on me colle cette étiquette. Au cours des primes de la Star Ac', il y avait effectivement un public essentiellement féminin, mais, depuis que je suis sorti du château, j'ai reçu beaucoup de lettres et je m'aperçois qu'elles viennent d'un public beaucoup plus large. La doyenne de mon courrier a 90 ans ! »

Il faut dire qu'avant de se lancer en solo, sous son propre nom, Grégory avait déjà emmagasiné l'expérience de la tournée de la Star Academy. De grandes salles, des fans hystériques. Ce qui l'attendait était plus paisible, plus serein. Mais dans tous les cas, il en retirait un même bonheur : « Ce qui me manque, c'est que, depuis l'aventure Star Academy, même si je suis épuisé, quand je suis en contact avec le public, je me sens pousser des ailes », glissait-il en janvier 2005, juste après sa victoire. Les mots simples d'un artiste jamais rassasié, à peine sorti de l'épreuve des directs, déjà avide de se retrouver seul en scène, en tournée…

Voir aussi **: « Fans », «** ***Olympia 2006*** **» et la partie « Discographie » à la fin de cet ouvrage.**

▸ Tronche (La)

Voici un petit village de France dont l'immense majorité d'entre vous n'aurait sans doute jamais entendu parler si Grégory n'y avait pas vu le jour le 13 mai 1983.

Il s'agit d'une commune de l'Isère, aux environs de Grenoble, aux portes du parc de la Chartreuse. Une ancienne voie romaine a donné le tracé de la Grand Rue, autour de laquelle au fil du temps un hameau s'est implanté sous le nom de Saint-Ferjus. En 1789, révolution dans les environs : le nom de La Tronche est adopté. Il signifie « clairière » en patois local. La vie s'y écoule, paisible, jusqu'à la Seconde Guerre mondiale. La région est connue pour avoir abrité de nombreuses familles juives persécutées par les nazis.

▸ Urgence médicale

La mort de Grégory Lemarchal aura au moins eu le mérite de mettre en pleine lumière le manque cruel de don d'organes dans notre pays. Si Greg n'a pu recevoir en temps voulu les poumons qui auraient pu lui sauver la vie, c'est parce que trop peu de gens osent envisager de léguer à d'autres un organe vital. Le leur ou celui d'un de leurs proches. L'urgence médicale est là. D'où l'importance de la prévention, de l'information, de l'éducation de petits comme des grands.

Un jour ou l'autre, nous pouvons être directement concernés. Très tôt, comme Laurence et Pierre Lemarchal. Au détour d'un accident de la vie comme des milliers d'autres anonymes chaque année.

Rappelons ici deux sites Internet où vous trouverez des informations utiles, voire essentielles : www.associationgregory-lemarchal.com et www.vaincrelamuco.org.

Avec aussi en mémoire ce simple chiffre : 2 millions de personnes sont porteuses du gène de la mucoviscidose en France…

***Voir aussi* : « Association », « Greffe », « Mucoviscidose » et la partie « Webographie » à la fin de cet ouvrage.**

▸ *Voix d'un ange (La)*

Le second album de Grégory Lemarchal sera aussi le dernier. Il représente un cas à part dans un marché du disque pourtant sinistré : sorti de façon posthume le 18 juin 2008, il s'est écoulé à près de 800 000 exemplaires en un peu plus de 6 mois. Une performance qui témoigne, une fois de plus s'il en était besoin, du lien unique créé entre l'artiste et le très grand public.

« Le lien » justement, une chanson écrite pour Grégory par le tandem Patrick Fiori-Julie Zenati. « Il avait cette chance d'aller chercher en vous cette émotion que vous aviez perdu », se souviendra le chanteur corse en décembre 2007 sur le plateau de TF1. « Le lien », un titre simple et efficace, à la mélodie habile, aux paroles touchantes. « Racontez-moi, quel est ce lien qui me tient vivant dans ce monde. Rassurez-moi, si la douleur nous rendait meilleurs… »

Il fait partie des cinq morceaux inédits que l'on trouve sur le CD. Les autres sont « De temps en temps » (sur lequel le jeune chanteur s'est aussi fait auteur), « Restons amis », « Recevoir » et « Tu prends ». Pour fabriquer ces nouveaux titres sur lesquels il misait beaucoup, Grégory avait décidé de s'entourer de ses fidèles : Yvan Cassar à la réalisation, Davide Esposito et d'autres compositeurs italiens pour les musiques, mais aussi de s'ouvrir à des univers différents, de s'offrir d'autres rencontres artistiques. Fiori-Zenati, donc, mais aussi Pierre Jaconelli, guitariste, réalisateur et compositeur pour Pascal Obispo, Zazie ou Florent Pagny.

C'était sans doute la volonté affichée d'une évolution, d'une maturité à venir et en tout cas de ce désir de poursuivre sa voie. Ces inédits évoquent tous des thèmes chers à Grégory et qui symbolisent bien sa personnalité : la vie toujours trop courte, la peur de l'absence, la force de l'amitié et du don de soi aux autres ou à l'autre…

A cause de la maladie, *La Voix d'un ange* reste un album inachevé, complété par des reprises chantées par Grégory à la télévision. On y trouve « S.O.S. d'un terrien en détresse » ou « Show must go on », des moments forts de son passage à la Star Academy, mais aussi « Là-bas » de Jean-Jacques Goldman où il est accompagné des 500 choristes.

Bien évidemment, certains verront dans la commercialisation du disque une manière à peine déguisée de profiter de la mort emblématique d'un garçon si jeune et si populaire. Répondons- leur que c'est la famille de l'artiste qui a souhaité sa parution en insistant pour qu'une partie des droits soit reversée à l'Association Grégory Lemarchal et prolonge donc son œuvre intime, sans doute la plus importante : lutter contre la mucoviscidose.

Deux extraits de l'album ont été utilisés en singles : « De temps en temps », puis « Le lien ». Tous deux, diffusés et multi-diffusés en radio et à la télévision, ont connu un très gros succès.

***Voir aussi* : « *Temps en temps (de)* » et la partie « Discographie » à la fin de cet ouvrage.**

▸ Volonté

Avez-vous déjà essayé de stopper une locomotive lancée à pleine vitesse ? Y penser vous semble déjà impossible, risqué, insensé… Voilà de quoi imager le caractère de Grégory !

Quand il avait pris une décision, il fallait faire preuve de beaucoup de persuasion pour lui faire changer d'avis. Non pas que le garçon ait été buté, obtus. Non : il avait simplement la sensation de pouvoir seul prendre les bonnes décisions. Le naturel revenant vite au galop dans son cas, sa gentillesse et son ouverture d'esprit le laissaient tout de même perméables aux opinions des autres, à commencer par son entourage. Mais cela relevait parfois du sacerdoce !

Exemple dans le travail avec un goût prononcé pour en faire beaucoup, beaucoup : « C'est-à-dire que, quand il travaillait, j'avais quatre coups de fil par jour. Quand il ne travaillait pas, j'en avais vingt ! Il était en attente de bosser, il voulait bosser. Et en plus, le fait d'avoir un emploi du temps régulier, c'était bien pour lui. Il préférait avoir sept jours où il bossait tous les jours que de travailler pendant trois jours et puis ne rien faire pendant les quatre jours qui suivaient. Il préférait la régularité qui s'intégrait mieux dans le rythme de sa maladie. Il avait toujours la soif d'apprendre et il a eu la chance de croiser des gens magnifiques », se souvient, nostalgique et amusé, Olivier Ottin dans une interview au site Web « newdealcasting.com ».

De la volonté, il en avait fallu au tout début à cet enfant fragilisé par la maladie pour accepter des soins répétitifs, lourds, des crises de toux fréquentes, douloureuses, fatigantes. Il avait dû redoubler d'effort pour être un gamin comme les autres, sportif, enjoué. Il était allé au-delà de ses inhibitions et de ses doutes pour tenter l'aventure de la compétition, des castings et finalement de la Star Academy.

Lui-même d'ailleurs se reconnaissait une certaine force mentale : « J'ai un caractère de cochon : je suis impulsif et colérique. Je ne dis pas souvent "je t'aime". J'ai pas mal de défauts, mais je sais aussi être généreux, sensible et compréhensif. Bref, je suis loin d'être parfait », reconnaissait-il honnêtement en avril 2005, avant de mettre définitivement les choses au point durant l'hiver 2006 : « Ne pas subir les choses dans la vie, mais plutôt les vivre comme des expériences supplémentaires, comme le fait de s'enrichir et d'accumuler les événements, mauvais ou non, qui font avancer, grandir et gagner en maturité. J'aime le fait de provoquer les choses afin d'apprendre tous les jours un peu plus ». Une profession de foi qui en vaut d'autres, non ?

▸ Victoire

« J'avais déjà craqué quelquefois avant, mais c'est vrai que, là, j'ai tout laissé partir. Plein de choses me sont revenues en tête. Sur le plateau, tout ça a fait boule de neige. » Voilà comment Grégory évoque, au lendemain de son triomphe en finale de la Star Academy, les sensations éprouvées lors de l'émission du 22 décembre 2004.

Ce jour-là, un peu après 23 heures, Nikos Aliagas s'apprête à accomplir le rituel qui se répète prime après prime : l'ouverture de l'enveloppe qui contient le nom du vainqueur. Mais cette fois est la dernière : le prénom qui sera bientôt annoncé sera celui du gagnant. La fin du suspens, de l'angoisse et de la compétition. Grégory et Lucie sont les deux rescapés. Côte à côte et face à face… Enfin, l'animateur prononce les trois syllabes libératrices : GRE-GO-RY !

Le jeune homme est à la fois soulagé et fou de bonheur. Les larmes ruissellent sur son visage. Il enlace sa concurrente malheureuse et s'adresse alors au public, remerciant tous ceux qui ont voté pour lui, saluant ses professeurs et adressant ses pensées et ses baisers à sa famille.

En coulisses, un minidrame va se jouer : un des agents de sécurité brise en mille morceaux le fragile trophée de la quatrième promotion ! Une babiole de verre, surmontée d'une étoile qui heureusement sera vite remplacée par des disques d'or et de platine. Mais cela, Grégory ne le sait pas encore. Dans l'hebdomadaire *Public* de décembre 2004, il confirme simplement ses ambitions : « Cette victoire, c'est la cerise sur le gâteau. Mais ce n'est pas un aboutissement. Il va falloir que je me batte, car j'ai envie de prouver que je peux devenir un artiste à part entière. Il faut maintenant que je transforme l'essai. »

***Voir aussi* : « Star Academy ».**

▸ Vedettariat

Difficile de concilier des rêves de jeunesse et la réalité d'un métier prenant, vampirisant. Grégory Lemarchal a néanmoins dû le faire et apprendre très rapidement à le faire. Tout juste entré au château de Damary-les-Lys, il était déjà devenu la vedette et même pour certains journaux l'attraction de l'émission *Star Academy*.

Ce n'est qu'une fois dehors que Greg a pu mesurer comment une presse un peu particulière a pu capitaliser sur son cas : « Je ne me rendais pas compte à quel point certains médias étaient prêts à toutes les bassesses pour vendre leurs journaux. On a écrit beaucoup de bêtises sur ma santé pour faire vendre. J'ai pris une claque en lisant certaines choses. Certains n'ont aucun scrupule à écrire n'importe quoi. On m'a dit qu'il fallait que j'apprenne à faire avec. J'essaye, mais ce n'est pas gagné », déclare-t-il attristé et agacé en avril 2005. Pas gagné en effet, mais jamais perdu d'avance, à condition de fixer des règles simples avec ce que l'on nomme la presse people.

Dès le début de sa carrière, le jeune homme, sans doute bien conseillé par son ami et manager Olivier Ottin, est parvenu à donner sans trop se laisser voler ! Interviews savamment dosées, photos posées mais rarement volées, car il ne donnait pas l'impression de cacher quelque chose.

Une fois sa romance avec Karine Ferri connue au grand jour, les deux amoureux ont fait le choix de ne pas se cacher, assumant et montrant la nature et la force de leur relation. Bien sûr, c'est un des revers du vedettariat, on ne peut empêcher les mauvais esprits de gloser et de répandre les pires ragots. « On en a connu des coups durs. Tous ces gens qui n'ont pas cru en nous. Quand on sait à quel point le moral est important pour un malade victime de la mucoviscidose ! On s'est attaqué plusieurs fois à notre physique, en sous-entendant qu'on n'était pas faits l'un pour l'autre. Comment peut-on agir ainsi ? C'est de l'acharnement », résumait Karine en juillet 2007 dans *Gala*.

Mais être une vedette, c'est surtout vivre dans les yeux et le cœur d'un public. Et ça, personne n'a pu le prendre à Grégory ! Les témoignages de ses fans, de son vivant comme après son départ, ont prouvé qu'une belle rencontre avait bien eu lieu et qu'elle avait laissé des souvenirs à des millions de personnes.

Logiquement d'ailleurs, la presse est revenue à de meilleurs sentiments à la disparition du chanteur. La vague d'émotions qui a alors traversé la société française en est témoin.

Voir aussi : **« Médias » et « Star Academy ».**

Web

« Chers grégoryens, je n'ai sans doute jamais eu autant de peine à rédiger un message tel que celui que vous êtes en train de lire. En effet, ma grande joie cette année était de vous retrouver le 16 juin à Aix-les-Bains pour une soirée entre amis que j'avais imaginée et créée pour vous, afin de vous remercier de votre soutien et vous rendre un peu du bonheur que vous m'avez apporté depuis bientôt trois ans. Malheureusement, ma santé du moment ne me permettra pas de réaliser ce projet auquel je tenais tant. Les médecins me conseillent et m'imposent un repos forcé d'un minimum de trois mois afin de récupérer correctement. C'est donc avec une profonde tristesse et le cœur déchiré que je suis dans l'obligation de reporter ce rendez-vous à une date que je vous communiquerai plus tard. Je vous aime… » Ces mots furent les derniers signés Grégory sur son site Internet, fin mars 2007, quelques jours avant sa mort. Le Web avait depuis le début été un lien formidable entre lui et son public. Il les appelait ses « grégoryens et « grégoryennes », preuve s'il en est besoin d'une proximité et d'une affection réciproque.

De son vivant, de nombreux sites lui avaient été dédiés par des admirateurs toujours à l'affût de ses faits et gestes. Dernières nouvelles, sorties de disques, apparitions télévisées, dates de concerts, déclarations : chacun pouvait suivre l'artiste à la trace !

Depuis son départ, la ferveur n'est pas retombée. Les adresses créées existent toujours pour la plupart d'entre elles. D'autres ont vu le jour, consacrant la mémoire du chanteur.

Il faut évidemment y ajouter celles entièrement dévolues à sa mémoire, ou plutôt à son héritage : le combat sans trêve contre la mucoviscidose. Les parents, la sœur et le manager de Greg se sont investis dans l'Association Grégory Lemarchal, dont le site www.associationgregory-lemarchal.com est un relais essentiel de cette longue bataille.

Olivier Ottin explique qu'il était impossible de faire autrement : « On se le doit. On le lui doit. On n'a pas le choix : on ne s'est pas posé la question. Ça a été une espèce de prolongement logique dans nos vies et on ne se voyait pas faire autrement. Moi, je suis tous les jours avec Greg aujourd'hui. Il est quelque part, je ne sais pas où, mais il est là. Je continue… »

***Voir aussi* : « Association », « Fans », « Greffe », « Mucoviscidose », « Urgence médicale » et la partie « Webographie » à la fin de cet ouvrage.**

Z

▸ *Zig Zag*

Comme de nombreuses célébrités de la musique, du cinéma ou de la télévision, Grégory a été sollicité pour prêter sa voix à un personnage de fiction. C'est une preuve supplémentaire pour un artiste qu'il fait bel et bien partie du « club de ceux qui comptent » ! Dans son cas, l'expérience remonte à juillet 2005, avec la sortie du film d'animation *Zig Zag, l'étalon zébré.*

Le chanteur accepte de doubler le héros du film de l'américain Frederik du Chau : un zèbre ! L'histoire est simple : l'animal, encore bébé, est abandonné par un cirque ambulant. Recueilli dans le ranch d'un éleveur de purs-sangs de course, il grandit avec un seul rêve : participer lui aussi aux épreuves prestigieuses des environs. Soutenu par une petite fille, Cindy, mais aussi Prof le poney et Fanny la chèvre, il parviendra bien sûr à ses fins. Amitié, obligation de faire ses preuves, obstacles nombreux : autant de thèmes qui ne pouvaient que séduire Grégory. « Quand mon chef de projet m'a parlé de cette proposition, j'ai commencé par rigoler parce que je suis chanteur, pas comédien. Et puis j'ai fait un essai et ça s'est révélé très intéressant. J'ai pris beaucoup de plaisir à doubler ce zèbre ! » analyse-t-il au moment de la promotion du film durant l'été 2005. Il retrouve en plus sa complice de la finale de la Star Academy, Lucie, doublure elle aussi d'un autre personnage.

Zig Zag, l'étalon zébré, malheureusement, n'aura guère de succès chez nous : sorti le 25 juillet 2005, le film ne séduira qu'environ 150 000 spectateurs. Un score très modeste, d'autant qu'aux Etats-Unis, il a généré près de 50 millions de dollars de recettes.

▸ Zidane

Nous avons déjà évoqué les idoles de Grégory. Elles se situaient principalement dans le domaine musical. Il en est une qui les supplantait toutes et celle-ci évolue plutôt sur les terrains sportifs : Zinedine Zidane. L'ancien capitaine et N°10 de l'équipe de France de football est associé pour toujours à l'un des épisodes fondateurs de la vie et de la carrière de Greg : ses premiers pas sur scène, le 12 juillet 1998. Ce soir-là, à 15 ans, l'adolescent ose participer en public à un concours de karaoké. Les sensations qu'il éprouve alors vont définir les bases de toute sa vie future. Si Grégory a finalement accepté de se lancer, c'est suite à un pari lié à l'hypothétique victoire des Bleus face au Brésil en finale du Mondial.

On peut donc penser que Zizou lui-même est intervenu dans la destinée du futur artiste puisqu'il marquera durant la rencontre légendaire deux des trois buts tricolores !

Outre les talents exceptionnels du joueur et son engagement pour des causes humanitaires, il y a en lui un autre élément que ne peut ignorer Grégory. En bon fan de foot qui se respecte, il admire les qualités techniques hallucinantes de Zidane et n'ignore par que c'est sur la Cannebière, à Marseille, que son idole aux pieds d'or a grandi. Or, l'OM était le club préféré du jeune chanteur-supporter. De quoi rapprocher ces deux-là, même s'ils n'auront jamais l'occasion de se croiser…

***Voir aussi* : « Karaoké » et « Sport ».**

Chronologie

13 mai 1983

Naissance à La Tronche (près de Chambéry-en-Isère), de Grégory Jean-Paul, premier enfant de Laurence et Pierre Lemarchal. Un joli bébé potelé aux jambes et aux bras bien ronds, coiffé d'une impressionnante chevelure brune. Sa mère est déléguée médicale et son père, entraîneur sportif

1985

A la suite de plusieurs signes inquiétants et répétés comme des quintes de toux ou des essoufflements, les parents de Grégory lui font subir des examens plus poussés. L'avis des médecins est sans appel : l'enfant est atteint de mucoviscidose, maladie génétique grave et sans réel traitement. L'espérance des patients atteints n'excède pas 24 ans, sauf si une greffe pulmonaire est pratiquée.

1990

Arrivée au foyer d'un deuxième enfant, une petite fille prénommée Leslie.

Elle sera toujours très proche de Grégory, fière de sa réussite et de son bonheur. Leslie publiera après sa mort un très bel ouvrage : *Mon frère, l'Artiste.*

1995

Malgré ses soucis respiratoires, Grégory décide de vivre comme un enfant normal. Encouragé par son père, il s'adonne à la pratique de nombreux sports, basket et football en particulier.
Cette année-là, il s'inscrit à un cours de rock acrobatique à l'école Mambo Rock de Chambéry-Barberaz. Sa progression est impressionnante : il atteint les championnats de France et décroche le titre !

1998

Alors que l'équipe de France de foot est sacrée Championne du monde, Grégory monte pour la première fois sur scène, à l'occasion d'un karaoké de vacances à Argelès-sur-Mer dans les Pyrénées orientales. Une vocation et une passion sont nées.

1999

Peu passionné par l'école, le jeune homme, soutenu par son père, abandonne ses études à 16 ans, pour se consacrer totalement au chant et au spectacle. Il enchaîne les concours régionaux et décroche assez vite la première partie des spectacles de vedettes confirmées comme Hervé Villard ou Gilbert Montagné.
Cette même année, Grégory est retenu pour participer à l'émission de M6, *Graines de stars*, produite par Thierry Ardisson et présentée par Laurent Boyer. Il ne parvient pas à accéder à la finale.

2003

Ayant perfectionné la tonicité de sa voix et sa technique, Grégory est choisi pour tenir le rôle principal d'une nouvelle comédie musicale, *Adam et Eve – Du pêché au pardon*.
Le spectacle doit parcourir la France et s'arrêter au Zénith de Paris. L'échec d'un premier single sonne le glas du projet.

2004

Alors qu'il commence un peu à désespérer, Grégory est appelé in extremis pour intégrer la quatrième promotion de la Star Academy, l'émission de variétés vedette de TF1, produite par Endemol. Il entre au château de Damary-les-Lys à la fin de l'été.

22 décembre 2004

Après quatre longs mois de compétition acharnée, Grégory Lemarchal est déclaré vainqueur de l'émission par le public. Sa victoire, par 80 % de voix face à l'autre finaliste, Lucie Bernardoni, est écrasante. Il succède au palmarès à Jenifer, Nolwenn Leroy et Elodie Frégé.

29 mars 2005

Parution du premier single de Grégory, « Ecris l'histoire », signé Davide Esposito pour la musique et Katia Landreas pour les paroles. Le titre est un énorme succès et atteint la première place des ventes.

2 avril 2005

Coup d'envoi de la tournée de la troupe de la Star Academy à Amnéville en Moselle. De nombreuses dates au programme, jusqu'au concert final de Paris-Bercy le 24 juin, en passant notamment par deux escales à Saint-Denis de la Réunion les 22 et 23 avril.

18 avril 2005

Sortie de *Je deviens moi*, le premier album du chanteur. Il démarre en deuxième position des meilleures ventes et atteindra le cap des 450 000 exemplaires écoulés. Grégory ne ménagera pas ses efforts pour en faire un succès. Trois extraits en seront tirés : « Ecris l'histoire », « Je suis en vie » et « A corps perdu ».

Septembre 2005

Karine Ferri, ancienne vedette de l'émission *Le Bachelor* sur M6, entre dans la vie du jeune homme. C'est sa première véritable histoire d'amour. Le couple restera uni jusqu'à la disparition de Grégory.

Janvier 2006

Il est la révélation francophone de l'année d'après les NRJ Music Awards, décernés à Cannes durant le Midem.

9 mai 2006

Coup d'envoi de la tournée de Grégory Lemarchal à travers la France et une partie de l'Europe francophone. Le spectacle fait notamment quatre arrêts sur les planches du mythique Olympia de Paris avant de conclure en beauté le 26 juin aux arènes de Metz.

29 mai 2006

Single en duo avec la chanteuse anglaise Lucie Silvas : « Même si (What you're made of) ». Le titre est numéro 2 des ventes.

Eté 2006

Grégory et Karine s'offrent des vacances amplement méritées en Corse et sur l'île de Ré.

23 octobre 2006

L'album live *Olympia 2006* retrace l'aventure scénique que vient de vivre le jeune artiste. Un DVD des concerts parisiens est également édité.

Janvier 2007

Karine et Grégory trouvent une maison calme en banlieue parisienne à Rueil-Malmaison, non loin du domicile des parents de la jeune femme.

20 mars 2007

Dans l'hebdomadaire *Télé Loisirs*, Grégory annonce que son état de santé l'oblige à se ménager. Il décide de prendre de longs mois de repos avant d'enregistrer son nouvel album.

26 mars 2007

En secret, le chanteur pose sa voix sur des musiques qu'il a choisies pour son futur disque. Les sessions ont lieu à son domicile.

29 mars 2007

Dernière apparition publique de Grégory : il vient interpréter un duo avec son amie Hélène Ségara lors d'un concert de la chanteuse en région parisienne.

2 avril 2007

Suite à une grave crise respiratoire, le jeune homme se rend à l'hôpital Foch de Suresnes. Le diagnostic est inquiétant : il est hospitalisé.

10 avril 2007

Grégory accepte de subir une double greffe pulmonaire, seule façon désormais pour lui de survivre.

26 avril 2006

Son état de santé se dégrade encore.

29 avril 2007

Pour soulager ses souffrances et avec son accord, ses parents et Karine demandent aux médecins de plonger Grégory dans un coma artificiel. Avant de s'endormir, il leur donne rendez-vous pour après l'opération et les assure de son amour.

30 avril 2007

Grégory Lemarchal s'éteint à l'âge de 24 ans.

3 mai 2007

Les obsèques déchirantes du chanteur ont lieu en la cathédrale de Chambéry. Une foule impressionnante et recueillie y assiste, ainsi que de nombreux artistes et professionnels du divertissement comme Jenifer, Nikos Aliagas, Marc Lavoine et Etienne Mougeotte.

4 mai 2007

TF1 décide de rendre hommage en direct à Grégory en diffusant une émission spéciale depuis le château de la Star Ac'.
A cette occasion, grâce aux dons des 10 millions de téléspectateurs, sept millions et demi d'euros sont recueillis en faveur de la lutte contre la mucoviscidose.

7 juin 2007

Laurence et Pierre Lemarchal déposent officiellement à la préfecture de Savoie les statuts fondateurs de l'Association Grégory Lemarchal. La structure se donne pour objectif de récolter des fonds afin d'aider les malades et leurs familles. Elle dispense également des informations pratiques grâce à un site Internet : www.association-gregorylemarchal.com.

11 juin 2007

Parution d'un single posthume de Grégory, enregistré à partir des ultimes séances de mars 2007 au domicile du chanteur. « De temps en temps », composé par le duo Patrick Fiori-Julie Zenati sur un texte de Grégory Lemarchal, est un énorme succès.

18 juin 2007

Sortie de l'album *La Voix d'un ange*. On y retrouve « De temps en temps » ainsi que trois autres titres inédits : « Restons amis », « Le lien » et « Recevoir ». Les autres titres sont des reprises ou des enregistrements de différentes prestations télévisées de Grégory. Deux autres singles en seront extraits : « Le lien » et « Restons amis ».

Novembre 2007

Leslie Lemarchal publie un livre de photos et de textes, *Mon frère, l'Artiste*, où elle retrace l'existence et l'œuvre de Grégory.

3 décembre 2007

Un coffret de trois albums et d'un DVD sort dans le commerce avant les fêtes de Noël. *Les Pas d'un ange* permet de retrouver les trois albums de Grégory Lemarchal, certains de ses clips et un documentaire sur sa vie et sa carrière.

28 décembre 2007

Une des émissions de la Star Academy sur TF1 est dédiée à la mémoire de Grégory. Un nouvel appel à la générosité est lancé. Il permet de mobiliser près de six millions d'euros de promesses de dons.

15 février 2008

Quentin, le vainqueur de la septième édition de la Star Academy, dédie sa victoire à Grégory Lemarchal.

☆

Discographie

ALBUMS

▶ JE DEVIENS MOI

Parution le 18 avril 2005.

450 000 exemplaires vendus – N°1 du Top Album en avril 2005.

Je deviens moi – Je suis en vie – Ecris l'histoire – A corps perdu – Le feu sous les planches – Je t'écris – Pardonne-moi – Mon ange – Promets-moi – Même si (What you're made of) en duo avec Lucie Silvas – Il n'y a qu'un pas – Le bonheur tout simplement – Une vie moins ordinaire

▶ OLYMPIA 2006

Parution le 23 octobre 2006.

N°60 du Top Album en octobre 2006.

Intro – Je deviens moi – Je suis en vie – Mon ange – Promets-moi – Il n'y a qu'un pas – Aussi libre

que moi – Même si (What you're made of) en duo avec Lucie Silvas – A corps perdu – Fais-moi un signe – Le feu sous les planches – Nos fiançailles – Pardonne-moi – Show must go on – Ecris l'histoire – Je t'écris

Bonus : Même si (What you're made of) en duo avec Nolwenn Leroy.

▶ LA VOIX D'UN ANGE

Parution le 18 juin 2007.

850 000 exemplaires vendus – N°1 du Top Album en juin/juillet 2007.

De temps en temps – Restons amis – Le lien – Recevoir – Con te partiro – Là-bas avec les 500 Choristes – Envole-moi – S.O.S. d'un terrien en détresse – Show must go on – Et maintenant

▶ LES PAS D'UN ANGE

Parution le 3 décembre 2007.

Coffret regroupant les trois albums *Je deviens moi*, *Olympia 2006* et *La Voix d'un ange* + un DVD comprenant un documentaire sur Grégory et les clips des chansons « Même si », « De temps en temps » et « Le lien ». Une partie des bénéfices des ventes est reversée à l'Association Grégory Lemarchal.

SINGLES

▶ ECRIS L'HISTOIRE

Parution le 29 mars 2005.

300 000 exemplaires vendus – N°2 du Top 50 en mars 2005.

▶ JE SUIS EN VIE

Parution le 18 juillet 2005.

N°17 du Top 50 en juillet 2005.

▶ A CORPS PERDU

Parution le 27 septembre 2005.

▶ MEME SI (WHAT YOU'RE MADE OF)

Parution le 29 mai 2006.

N°2 du Top 50 en mai 2006.

▶ DE TEMPS EN TEMPS

Parution le 11 juin 2007.

N°1 du Top 50 en juillet 2005.

▶ LE LIEN

Parution le 12 novembre 2007.

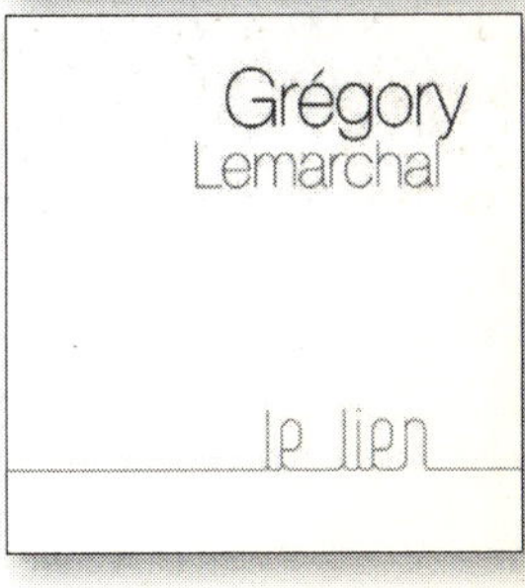

▶ RESTONS AMIS

Parution hiver 2008.

☆

WEBOGRAPHIE

Voici les sites essentiels, immanquables pour trouver des informations, des images, des vidéos sur Grégory Lemarchal.

www.association-gregorylemarchal.com

Le site de référence pour ceux qui veulent poursuivre le combat d'une vie, de sa vie. Vous pourrez y relever tous les renseignements pratiques sur la mucoviscidose, notamment des infos pratiques et médicales ou encore la façon de devenir donneur d'organes. Le site permet aussi de retrouver la discographie complète du chanteur.
On peut y relier celui de l'association « Vaincre la mucoviscidose », qui lutte depuis des décennies contre la maladie : www.vaincrelamuco.org

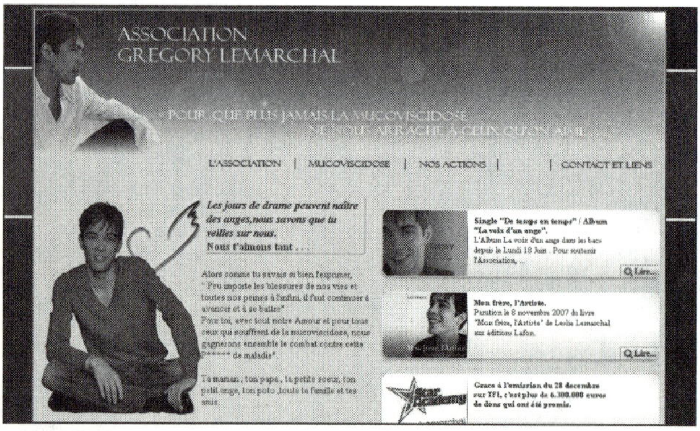

http://gregorylemarchal.artistes.universalmusic.fr

Directement rattaché à la maison de disques de Grégory, ce site offre une discographie extrêmement détaillée et regroupe différentes informations relatives à la carrière de l'artiste. Il permet aussi (surtout ?) d'acheter les albums du chanteur disparu.

http://gregory-petitprince.xooit.com

Un site de fan très bien fait, coloré et informatif. On y met la main sur des images d'archives, des news assez fraîches, une discographie remise à jour et un forum qui permet d'échanger ses impressions et d'échanger ses souvenirs.

Citons aussi d'autres sites Internet un peu moins actualisés, mais toujours faits avec la ferveur et l'amour habituel des fans de Grégory :
www.gregory-lemarchal.info et www.just-gregory.net

Il avait décidé de s'engager publiquement et comme personne ne l'avait jamais fait avant lui pour parler de ses frères et sœurs de souffrance. C'est aujourd'hui chose faite.
La différence, c'est que Grégory n'est pas là pour entendre résonner le poids de son message.

BIBLIOGRAPHIE

Mon frere, l'artiste, de Leslie Lemarchal, aux éditions Michel Lafon, paru en novembre 2007.
Il s'agit de ce qu'on appelle un « beau livre » : 144 pages avec de superbes photos et des textes très émouvants écrits par la petite sœur de Grégory. L'occasion de retrouver le chanteur et le frère dans les moments importants de sa vie, intime ou publique. Les bénéfices de la vente sont reversés à l'Association Grégory Lemarchal contre la mucoviscidose.

Gregory, le petit prince au destin brisé, d'Alain Perceval, aux éditions Alphée/Jean-Paul Bertrand, paru en octobre 2007.
Une biographie classique, très bien documentée, qui retrace le parcours de Grégory, de son enfance à ses derniers jours. L'auteur détaille notamment de façon très intéressante les longs mois de compétition à la Star Academy. Un cahier photos central permet aussi de retrouver le chanteur au fil des courtes mais riches heures de sa carrière et de sa vie.

Gregory, sur les pas d'un ange, de Brigitte Hemmerlin et Vanessa Pontet, aux éditions de l'Archipel, paru en novembre 2007.
Ce livre s'attache lui aussi à la chronologie de la vie de l'artiste, consacrant l'essentiel de ses chapitres à l'aventure Star Academy. La fin tragique de Grégory est peut-être un peu rapidement évoquée, mais les belles photos centrales apportent une vraie chaleur à l'ensemble.

Index
des entrées

Dans la même collection

L'intégrale Claude François

Par Gilles Lhote

Depuis sa tragique disparition, il y a 30 ans, Claude François est devenu à jamais une star au firmament de la variété française avec plus de 70 millions de disques vendus !
En 39 ans d'une existence trop courte mais incroyablement riche, Claude François a vécu des dizaines de vies et laissé un héritage musical qui fait le bonheur de générations de fans.

De A comme *Absolu* à Z comme *Zodiaque*, en passant par D comme *Dannemois*, E comme *Egypte* ou I comme *Idole* : entrez dans la légende Cloclo !

ISBN : 978-2-35288-108-7

Tokio Hotel - Rock attitude

Par Thomas Champ

Radical, gothique, phénoménal : TOKIO HOTEL est le groupe qui révolutionne la planète rock de ces dernières années.

Toute l'histoire de TOKIO HOTEL racontée en détail et en photos pour les fans !

ISBN : 978-2-35288-133-9

L'intégrale Mylène Farmer

Par Erwan Chuberre

Dans ce livre, l'auteur lève une part du voile et on découvre une Mylène Farmer, parfois loin de l'image que l'on s'en fait.

De A comme *Ainsi soit je* à Z comme *Zulwaski* en passant par B comme *Boutonnat*, F comme *Fans*, L comme *Libertine* ou M comme *Mystère*.

ISBN : 978-2-35288-108-7

www.city-editions.com